호그와트 레거시   아트 앤 메이킹

HOGWARTS
LEGACY

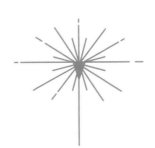

문학수첩

호그와트 레거시　　아트 앤 메이킹

HOGWARTS LEGACY

조디 리벤슨, 마이클 오언 지음

공보경 옮김

WIZARDING WORLD

문학수첩

CONTENTS

서문
아트 디렉터 제프 벙커

해리 포터 시리즈의 제1권 《해리 포터와 마법사의 돌》이 출간되기 1년 전, 친구들 몇 명과 함께 '아발란체 소프트웨어(Avalanche Software)'라는 작은 게임 개발 스튜디오를 설립했다. 그 후 25년 동안 해리 포터 시리즈의 책과 영화가 세상에 나와 열풍을 일으켰고, 아발란체 팀은 대형 프랜차이즈에 기반한 수십 개의 게임을 작업하며 기술을 갈고닦았다. 하지만 아무리 선견지명이 있는 사람도 우리가 이렇게 대단한 작업을 하게 될 줄은 예상 못 했을 것이다. 아발란체는 무려 워너 브라더스 게임스(Warner Bros. Games)에 합류했고, 우리 팀은 마법 세계의 게임 배경 창조라는 위대한 열망을 실현하게 됐다.

해리 포터 책 시리즈의 저자 J.K. 롤링은 우리가 사는 세상과 비슷하면서도 다른 마법 세상을 멋지게 상상해 냈다. 그 세상에서 마법은 실재하고, 마법 공부와 연습에 매진하는 학교들이 있다. 마법 세계-그리고 제일 유명한 마법학교인 호그와트 마법학교-는 손을 뻗으면 닿을 듯하다. 얼핏 봐서는 통과할 수 없을 것처럼 생긴 런던의 작은 술집 뒤쪽의 벽돌 벽이라든지 킹스크로스역 승강장을 넘어가면 마법 세계로 갈 수 있다. 해리 포터 책 시리즈는 우리를 벽 너머 마법학교 안으로 초대해, 한 소년의 이야기를 따라가게 했다. 소년은 자신이 실은 마법사이고 마법적 잠재력을 가졌음을 알게 된다. 우리는 누구나 해리 포터 이야기를 사랑했고, 우리 안에도 숨겨진 마법적 잠재력이 있는 게 아닐까 하는 상상을 했다.

우리는 호그와트 마법학교에 다니면서 마법적 잠재력을 연마하고 싶다는 팬으로서의 환상을 이 프로젝트의 지표로 삼았다. 물론 이 목표를 달성하는 것은 처음부터 쉽지 않았다. 마법 세상을 인터랙티브 경험에 녹여내는 작업은 모 아니면 도였다. 팬들은 이미 책을 읽고 영화를 봤기 때문에 마법 세계가 어떤 모습일 것이라는 그림을 머릿속에 또렷이 그려놓고 있었다. 문제는 이 게임이 해리 포터를 주인공으로 한 이야기가 아니라는 데 있었다. 이 게임의 플레이어는 마법 세계를 단순히 방문하거나, 해리 포터 영화 촬영장을 구경하는 차원의 활동을 하는 게 아니다. 플레이어는 생전 처음 마녀나 마법사가 되어 호그와트 마법학교와 호그스미드 마을, 금지된 숲과 그 주변 지역을 탐색하고, 구석구석에 자리한 여러 가지 놀라운 장치들, 주문, 비밀, 미스터리를 발견하게 된다. 그러니 우리는 책과 영화가 이미 보여주고 모두가 상상했던 마법 세계의 모습을 이 게임에서 '진정성 있게' 펼쳐놓되, 지금까지 본 적 없는 새로운 결과물을 내놓아야 했다.

'진정성.' 이 게임을 개발하는 내내 우리가 제일 자주 했던 말이다. 건축물, 패션, 가구와 비품, 지형, 날씨까지도 1800년대 말 스코틀랜드 고지의 모습 그대로 진정성 있게 구현해야 했다. 또한 이야기와 캐릭터, 유머, 주문과 마법도 마법 세계의 것이어야 했다. 쉬운 일보다는 옳은 일을 택하라 같은 심오한 말부터 더그보그의 똥을 설명하는 것 같은 초현실적이고 기이한 말까지, 다양한 주제를 바탕으로 하는 창의적인 대화들을 만들어 냈다. 19세기 말의 마법 세계를 제대로 구현하고픈 열망을 대화 하나하나에 담아냈다고 보면 된다.

열정적이고 누구보다 뛰어난 재능을 가진 사람들이 호그와트 레거시에 마음과 영혼을 갈아 넣었다. 우리는 플레이어들이 마법에 걸린 벽돌 벽 너머의 세상을 탐험하면서, 이곳이 수년에 걸친 세심한 연구와 헌신적인 노력으로 탄생한 진짜 마법 세계임을 인정하고, 마법 세계에 바친 우리의 사랑과 존경도 알아주리라 믿는다.

이 책도 그간의 작업과 열정 덕분에 탄생할 수 있었다. '호그와트 레거시'의 마법 세계를 구현하려고 무대 뒤에서 애써온 사람들의 노력을 책으로 보여드릴 수 있어 영광이다.

2페이지: 세바스티엔 가예고가 작업한 스리 브룸스틱스

4페이지: 나산 하드캐슬이 작업한 기숙사 배정 모자

옆 페이지: 배경팀이 작업한 성터와 그린고츠 마법사 은행(인게임 렌더링), 벤 시몬슨이 작업한 인트로의 빈 공간

CHAPTER 1
첫 번째 퀘스트

우리가 사는 이 세상이 눈에 보이지 않는 마법 세상과 나란히 존재한다는 상상을 해본 적 있는지? J.K. 롤링은 그런 상상을 했다. 1997년 6월 해리 포터 시리즈의 제1권 《해리 포터와 마법사의 돌》이 출간되자 세상 사람들은 마법 세계에서는 빗자루가 청소뿐 아니라 비행에도 사용되고, 호그와트 마법학교 학생들은 주문을 걸고 마법을 부리며 마법약을 만들고 마법 동물들을 돌보는 방법을 배운다는 것을 알게 됐다.

제1권이 출간된 후 해리 포터의 마법 세계는 영화와 테마 파크, 비디오 게임에서도 구현됐다. 기존에 나와 있는 게임 배경은 해리 포터가 호그와트 마법학교에 다니던 시절(1990년대)과 뉴트 스캐맨더가 신비한 동물 사전 영화 시리즈에서 모험을 하던 시절(1920년대) 즈음에 맞춰져 있다. 해리 포터라는 소년의 이야기를 책으로 접한 마법 세계 팬들은 호그와트 마법학교에 다니는 꿈을 꾸곤 했다.

2017년 11월, 워너 브라더스 인터랙티브 엔터테인먼트(Warner Bros. Interactive Entertainment)는 J.K. 롤링이 창조한 이야기를 기반으로, 마법 세계 배경의 모바일 게임과 비디오 게임을 만드는 포트키 게임스(Portkey Games) 레이블을 설립했다. (플레이어가 독자적으로 마법 세계에서 모험을 하는 게임이라, 마법사와 마녀가 원하는 장소로 순간 이동하게 해주는 마법 아이템 포트키를 레이블 이름으로 삼은 것.) 정확히 말해, 호그와트 레거시의 콘텐츠 스토리는 J.K. 롤링이 쓰지 않았다. 하지만 아발란체 소프트웨어의

창작팀은 포트키 게임스 레이블의 일원으로서의 권리 의식과 책임감으로, J.K. 롤링의 책 시리즈에서 영감을 받고 마법 세계 이야기에 기반을 둔 새로운 세상을 만들어 냈다.

게임개발팀은 마법 세계에 관한 기존 자료를 바탕으로 하되, 아직 세상 사람들이 이 시리즈에서 본 적 없는 1800년대 말을 시대적 배경으로 삼아 다시 한번 호그와트를 구현하기로 했다. 이 게임의 스토리 수석 에이드리언 롭은 "우리는 풍성한 캐릭터와 마법 생물, 주제 자료에서 어떻게 필요한 내용을 뽑아낼지를 고민하는 한편, 해리 포터가 태어나기 백 년도 더 전의 호그와트 마법학교에 세세한 내용을 어떻게 녹여낼지를 상상해 봤습니다. 누가 교장일까? 학생들은 어떤 과제에 직면하게 될까? 톰 리들과 뉴트 스캐맨더가 나타나기 전인 이 시대에는 무엇이 마법 세계에 영향을 미치게 될까? 같은 질문에 대한 답을 찾는 과정이었죠"라고 말한다.

해리 포터 팬이기도 한 게임개발팀은 플레이어가 호그와트 마법학교에 다닐 기회가 생기면 뭘 하고 싶어 할까를 집중적으로 연구했다. 플레이어는 당연히 강력한 마녀나 마법사가 되어 친구들을 사귀면서, 전반적으로 해리 포터 관련 이야기를 중심으로 하는 경험을 하고 싶을 것이다.

이런 퀘스트를 달성하기 위해 게임개발팀은 '진정성, 주인공, 마법'이라는 세 가지 기준을 따르기로 했다.

8-9페이지: 마이크 매카시가 작업한 수렁

옆 페이지: 배경팀이 작업한 건축가 동상(인게임 렌더링)

아래: 조슈아 H 블랙이 작업한 호그와트 마법학교 외부

진정성

이 게임의 모든 것이 세계 팬들의 사랑에 진정성 있게 부응해야 했다. 내러티브 수석 모이라 스콰이어는 "마법 세계가 진정성이 있어야 플레이어들을 게임에 끌어들이고 게임을 계속하게 만들 수 있어요. 우리는 몰입도 높은 게임을 만들기 위해 마법 세계를 확장하면서도, 팬들이 익숙하게 알고 있는 마법 세계의 규칙에서 지나치게 벗어나지 않으려 했습니다. 너무 확 벗어나 버리면 팬들은 우리에 대한 믿음을 잃을 테고 마법도 힘을 잃을 테니까요. 우리가 누구보다 해리 포터 이야기를 사랑하고 있음을 팬들이 알아주길 바랐어요"라고 설명한다.

에이드리언은 이야기의 초현실적 속성이 '진정성'이라는 기준을 뒷받침해 준다는 점을 분명히 알고 있었다. 그는 "우리는 집요정은 몇 살까지 살까? 그래폰은 잡식 동물일까? 같은 질문들을 던지며 진정성을 향해 나아갔습니다. 해리 포터 이야기에 몰입한 사람만이 던질 수 있는 질문이었죠"라고 말한다.

옆 페이지 왼쪽: 버네사 파머가 작업한 버려진 작은 마을

옆 페이지 오른쪽: 대니 러슨이 작업한 인트로의 로켓 유리병

위: 대니 러슨이 작업한 호그스미드 마을 입구의 다리

왼쪽: 배경팀이 작업한 호그와트 마법학교 주변(인게임 렌더링)

마이크 매카시와 버네사 파머가 작업한 인트로의 바위섬

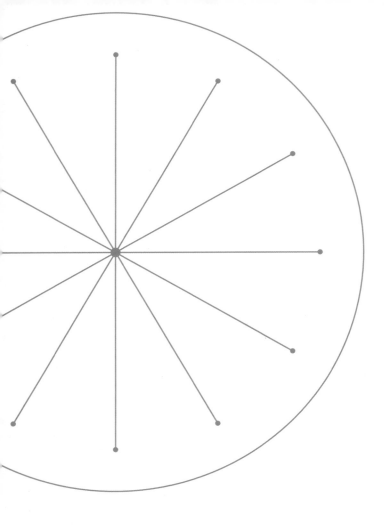

주인공

아트 디렉터 제프 벙커는 "이 게임은 해리 포터의 이야기를 고스란히 되풀이하지 않습니다. 플레이어가 직접 만들어 가는 여정이니까요. 우리는 플레이어가 모든 주문과 미스터리, 마법이 이미 공개된 해리 포터 영화 촬영장이나 테마 파크에 놀러 온 관광객처럼 느끼지 않길 바랐어요. 플레이어가 해리처럼 앞으로 무슨 일이 펼쳐질지 전혀 모르는 채로 호그와트 마법학교와 호그스미드 마을, 금지된 숲에 들어가 다양한 경험을 하길 원했죠"라고 말한다.

해리 포터가 모험의 주인공으로서 볼드모트를 무찔렀듯이, 우리 게임의 플레이어도 고대 마법을 악용하는 어둠의 세력들로부터 마법 세계를 구하기 위해 호그와트 레거시에서 자기만의 퀘스트를 수행하게 된다. 이에 대해 모이라 스콰이어는 "플레이어의 아바타는 이 마법의 흔적을 볼 수 있는 유일한 존재예요. 오직 아바타만이 수백 년 전 마녀와 마법사가 만들어 놓은 길을 따라갈 수 있어

요"라고 설명한다.

우리 주인공의 제일 중요한 특징 중 하나는 퀘스트를 달성하는 방식이다. 스콰이어는 "해리 포터는 자신의 선택이 얼마나 중요한지 알고 있었어요. 우리 게임에서 플레이어는 자신의 신체적 특징을 반영한 아바타를 만들고, 어떤 성격과 의견으로 주변 세상에 어떤 영향을 미칠지도 직접 선택합니다"라고 말한다.

플레이어는 게임을 시작할 때는 마법에 대해 잘 모르다가, 이야기가 펼쳐짐에 따라 점점 기술이 좋아져, 고대 마법을 탐하는 악당들을 물리칠 수 있게 된다. 그리고 게임이 끝날 무렵에는 그동안 획득한 마력을 사용할지, 세상과 나눌지, 아니면 숨겨둘지를 결정해야 한다.

옆 페이지: 배경팀이 작업한 트롤 전투(인게임 렌더링), 마이크 매카시가 작업한 그래폰 문, 버네사 파머가 작업한 트롤 소굴

마법

마법은 마법 세계 곳곳에 깃들어 있다. 마법 세계는 말 그대로 마법으로 가득한 곳이다. 마법의 존재 여부는 마법 세계와 우리가 사는 '현실적인' 일상 세계를 구분하는 기준이 된다. 스콰이어는 "마법 세계가 매력적인 이유 중 하나는 우리가 사는 세상과 한 걸음 떨어져 있기 때문이라고 나는 늘 말해왔어요. 마법 세계도 나름의 현실이 있습니다. 캐릭터들과 그들이 살아가는 일상은 우리와 비슷한데 다만 마법이 존재하는 거죠"라고 말한다.

게임에서 마법은 눈부신 도전부터 일상적인 상호 작용에 이르기까지 다양한 방식으로 구현된다. 아발란체 팀은 플레이어가 현실을 벗어나 또 다른 세계에서 살아가는 느낌을 받을 수 있도록, 기회가 있을 때마다 마법을 불어넣으려 애썼다. 플레이어가 호그와트 마법학교나 호그스미드 마을에 머물 때 혹은 고지를 가로지를 때 주변에는 마녀와 마법사, 신비한 동물들, 위험한 어둠의 세력들이 자리하고 있다. 스콰이어는 "제일 단순한 순간에도 마법이 존재합니다. 물건을 공중에 뜨게 하거나 책장에서 책을 불러오거나 지팡이로 길을 환하게 밝히면서 플레이어는 현실이 아닌 마법 세계에 와 있음을 실감하게 되는 거죠. 당연히 마법은 게임 속에서 아름답고 화려하게 표현됩니다"라고 설명한다.

마법 세계 전반, 특히 호그와트 마법학교에서 하게 되는 핵심적인 경험이 마법인 만큼, 아발란체 팀은 마법을 제대로 보여줘야 했다. 이에 대해 제프 벙커는 "마법 세계에서 마법은 신비롭거나 초자연적인 현상이 아닙니다. 스네이프 교수가 '마법약 만들기는 정밀한 과학이자 정확한 기술'이라고 말한 것처럼, 마법은 실제로 존재합니다! 머글들이 물리학과 화학을 공부하듯이, 마법 세계의 학생들은 호그와트 마법학교에서 마법을 공부하죠. 마법 세계에 존재하는 마법의 물리적 특성 덕분에 우리 개발자들은 플레이어가 새로이 본능적인 방법으로 세상을 탐험하게 할 수 있죠. 세상이 마법적으로 돌아가고 반응하게 만들 수도 있고요"라고 말한다.

플레이어는 마법 세계의 호그와트 마법학교에 다니면서 수업을 받고, 호그스미드 마을의 스리 브룸스틱스 술집을

방문하고, 금지된 숲을 탐험한다. 그러면서 진짜 마녀나 마법사처럼 자유롭게 마법을 구사할 수 있다. 스콰이어는 "우리는 해리 포터 시리즈의 평생 팬은 물론이고 마법 세계에 익숙하지 않은 플레이어도 이 게임을 통해 특별한 장소와 시간을 경험하게 만들고 싶었어요. 이 열망을 바탕으로 세 가지 기준을 설계했죠. 이 기준 덕분에 우리는 마법 세계를 특별하게 만드는 것이 무엇인지에 늘 집중할 수 있었어요. 세 가지 기준은 이야기에서 디자인, 실행, 마케팅에 이르기까지 모든 단계에서 모두에게 명확한 이정표를 제공해 줬고요. 우리는 마법 세계를 더욱 확장해 가장 몰입적인 경험을 할 수 있게 만들 수 있었어요"라고 말한다.

위: 조슈아 H 블랙이 작업한 핼러윈 날의 대연회장

왼쪽: 버네사 파머가 작업한 아치 거울

고대 마법

강력한 형태의 마법인 고대 마법은 가장 위대한 마법의 순간에 스며들어 있다. 고대 마법은 호그와트 레거시의 스토리라인 앞과 중간에 등장하며, 플레이어가 호그와트 마법학교에 5학년 학생으로 입학하는 순간부터 함께한다. 고대 마법은 마법 세계에 새로운 이야기를 제공하지만 고대 마법이라는 아이디어 자체가 생소한 것은 아니다.

스콰이어는 "고대 마법이라는 아이디어는 해리 포터 책 시리즈에 이미 그 씨앗이 뿌려져 있어요"라고 말한다. 알버스 덤블도어는 《해리 포터와 혼혈 왕자》에서 고대 마법에 관해 이렇게 설명한다. "호그와트 성은 고대의 마법이 깃든 성이다… 아직도 풀어야 할수수께끼와 건드려 볼 마법들이 간직되어 있을 거라고 느꼈을지도 모른다."

호그와트 아트 수석 겸 배경팀 선임 아티스트 보스턴 매드슨은 "호그와트 성의 모든 비밀을 파헤쳐 설명할 생각은 없었어요. 호그와트 성의 성격과 미스터리는 우리가 이 게임에서 보여드리는 이야기보다 훨씬 장대합니다. 덤블도어는 호그와트 성에서 누구보다도 오래 살았지만, 그런 덤블도어도 호그와트 성에 관해 전부 알고 있지는 않았어요"라고 말한다.

덤블도어가 부모를 잃은 해리를 피튜니아 더즐리 이모의 집으로 보낸 이유도 고대 마법 때문이다. 볼드모트는 고대 마법에 대해 알고는 있었지만, 릴리 포터가 사랑하는 아들을 보호하기 위해 한 희생의 힘을 과소평가했다. 《해리 포터와 혼혈 왕자》에서 덤블도어는 이렇게 말한다. "네 어머니는 너에게 그자가 결코 예상하지 못한 지속적인 보호 마법을 걸어 주었다. 지금까지도 네 핏줄에 흐르고 있는 보호 마법 말이야. 그래서 나는 네 어머니의 피를 믿기로 하고 너를 네 어머니의 언니에게, 네 어머니의 유일한 혈육에게 데려다주었다."

스콰이어는 《해리 포터와 불사조 기사단》에서 덤블도어가 한 "마법은 언제나 흔적을 남긴단다… 가끔은 아주 뚜렷한 흔적을 남기지"라는 말을 인용하면서, 고대 마법의 흔적이 세상에 남아있다는 내용이 책에도 나온다고 지적한다. 또한 스콰이어는 볼드모트도 고대 마법과 그 흔적에 대해 잘 알고 있었으며, 고대 마법이 해리를 보호한 것 때문에 좌절했다고 말한다. 이에 대해 볼드모트가 책에서 한 말은 다음과 같다. "소년의 어머니는 아들에게 그 희생의 흔적들을 남겼다… 아주 오래된 마법이지. 기억했어야 하는데, 어리석게도 간과한 것이다." 스콰이어는 이 부분에 관해 "물론 이런 흔적은 어린 마녀와 마법사 주변에서 마법 활동이 있었음을 나타내는 마법 증표가 됩니다"라고 설명한다.

그리고 이렇게 덧붙인다. "책에서는 이런 종류의 마법에 대해 간단히만 언급돼 있어요. 우리는 좀 더 깊은 이야기가 있을지도 모른다고 생각했죠. '고대'라고 하는데, 그 기원은 언제일까? 고대 마법은 어떻게 됐을까? 고대 마법을 실제로 쓸 수 있을까? 우린 <신비한 동물 사전> 영화에서 그린델왈드가 놀라운 마법을 사용하는 것을 봤습니다. 다른 사람들을 조종하는 그린델왈드의 능력이 고대 마법에 기원을 두고 있다면 어떨까요? 우리는 이런 생각들을 게임에 담기로 했습니다."

엘리자 피그 교수와 함께 호그와트 성으로 가면서 우리의 주인공인 플레이어는 곧 고대 마법을 발견하게 된다. 그리고 이 마법을 사용할 수 있는 진귀한 능력을 지니고 있음을 깨닫는다.

위: 대니 러슨이 작업한 고대 마
법 저장소

오른쪽: 대니 러슨이 작업한 고대
마법의 유물, 란록의 고대 마법

마법사의 필드 가이드

호그와트 교수들과 마법 정부는 플레이어가 다른 5학년 학생들을 따라잡을 수 있도록 '마법사의 필드 가이드'를 제공한다. 플레이어는 입학 첫날 마틸다 위즐리 교수에게 필드 가이드 책을 받는데 처음에는 거의 텅 비어있다. 하지만 게임을 하면서 다양한 장소와 활동, 수집품, 퀘스트를 발견해 필드 가이드를 채워나가면, 비로소 필드 가이드를 해야 할 일 목록, 참고 자료, 목표 추적기 용도로 쓸 수 있게 된다.

아발란체 팀은 미리 정한 기준에 맞춰 광범위한 필드 가이드를 개발했다. 이 부분에 대해 게임 디렉터 앨런 튜는 "플레이어가 호그와트 성에서 성장하는 것이 게임 전반에 걸친 성장이 되도록 하는 것, 마법 세계 안에서 플레이어가 폭넓은 자유를 누리게 하는 것, 호그와트 교수진이 5학년으로 입학한 플레이어에게 도움을 주어 다른 학생들을 따라잡을 수 있도록 하는 것이 팀에게는 중요한 과제였습니다"라고 말한다. 앨런 튜는 해리 포터 시리즈 제3권과 관련 영화에도 비슷한 상황이 나온다면서 "헤르미온느는 정해진 과목 외에 추가로 다른 수업을 듣기 위해 타임 터너를 빌려 사용합니다"라고 설명한다.

필드 가이드를 마법 세계의 물건처럼 보이도록 디자인하는 게 중요했다. 앨런 튜는 "필드 가이드는 마법이 깃들어 있고 자기만의 성격과 생각이 있습니다. 플레이어를 위해 주변에서 다양한 크기의 페이지들을 모아 자기 안에 채워 넣으려고 하죠"라고 말한다.

아발란체는 무수한 수정을 거쳐 '마법사의 필드 가이드'의 최종판을 만들었다. 게임을 하면서 필드 가이드를 완성해 간다는 아이디어를 구현하기 위해 아발란체 팀은 유저 인터페이스를 조사해, 마법적이면서도 플레이어를 지나치게 압박하지 않는 방식이 되도록 했다. 그런 과정을 거쳐, 쉽게 탐색되면서도 전체적인 디자인에 잘 어울리는 형태로 최종 작업물이 만들어졌다.

마법사의 필드 가이드는 플레이어가 호그와트 레거시 게임을 하는 데 필요한 모든 내용을 망라한다. '지도'에는 호그와트 성의 복잡한 통로, 호그스미드 마을의 부산한 거리, 호그와트 성 일대를 둘러싼 광대한 고지가 표시돼 있다. '퀘스트'와 '챌린지'에는 레벨 업 활동 목록이 담겨있다. 플레이어는 '재능'과 '장비'를 업그레이드하면서 전체 진척도를 파악할 수 있다. 탐색과 학습을 계속해 나가면 지식 '컬렉션'을 볼 수 있게 된다. 이 외에도 다양한 활동을 하며 필드 가이드를 완성하는 것 자체가 하나의 챌린지다.

다른 RPG 시스템과 마찬가지로 이 게임도 챌린지를 하나씩 수행하면서 경험치를 획득할 수 있다. 앨런 튜는 이에 대해 "게이머들이 이미 알고 있는 방식"이라 익숙하고 편안할 것이라 말한다. 또한 그는 "너무 다르게 만들면 그것도 문제가 됩니다. 우리는 플레이어들이 챌린지를 이해하고, 지침에 따라 마법 세계를 쉽게 탐험하게 하는 작업에 주안점을 뒀습니다"라고 말한다.

앨런 튜는 "필드 가이드는 여러 면에서 우리의 인터페이스입니다. 필드 가이드의 페이지들은 게임 내에서 플레이어가 하고 싶어 하는 일을 전부 보여줍니다. 지도부터 장비, 챌린지, 보상, 부엉이 우편, 퀘스트 정보, 플레이어가 찾아낸 모든 지식의 컬렉션, 플레이어가 놓친 모든 것에 대한 정보, 마법약 제조법, 마법서, 화분에 심을 재료, 마법 동물 개요, 적에 대한 기록, 대강의 메모 등 상당히 많은 내용이 담겨있습니다. 이 모든 걸 모아 필드 가이드를 완성하는 것은 절대 쉬운 일이 아니죠"라고 설명한다.

옆 페이지 왼쪽 위: 대니 러슨이 작업한 필드 가이드 책 겉면
옆 페이지 오른쪽 위: 버네사 파머가 작업한 필드 가이드 책
옆 페이지 아래: 배경팀이 작업한 필드 가이드(인게임 시네마틱)

그는 아발란체 팀이 개발한 최종 결과물을 모두가 즐겨주기를 바란다면서, "챌린지와 컬렉션에 담기는 내용물에 주의를 기울인다면 여러분의 유산은 더욱 풍성해질 것입니다!"라고 말한다.

여러분의 선택

영화 〈해리 포터와 비밀의 방〉에서 알버스 덤블도어는 해리에게 "우리의 진정한 모습은 능력이 아니라 선택으로부터 나타나는 거란다"라고 말한다. 호그와트 레거시 게임을 만드는 동안 아발란체 팀이 한 제일 중요한 창조적 선택은 게임에 무엇을 넣고, 무엇을 넣지 말지를 결정하는 일이었다. 크리에이티브 디렉터 마커스 피셔는 "여러 책과 영화에서 다룬 마법 세계의 시간대는 꽤 깁니다. 그만큼 우리가 게임에 넣을 수 있는 자료도 무척 많았어요. 더 넣지 못한 건 노력이 부족해서가 아닙니다!"라고 설명한다. 다양한 아이디어를 더 넣고 싶을 때마다 '그만, 더는 안 돼요'라고 거절하지 않았다면 이 게임의 개발 기간이 호그와트 성의 역사만큼 길어졌을지도 모른다.

피셔는 "마법만 따져 보더라도, 해리 포터 관련 책과 영화, 참고 자료에 엄청나게 많은 주문, 마법, 저주가 있습니다. 최고 열성 팬도 모르는 게 있을 정도로요. 그래서 우리는 아주 깊숙이 파고들어 가야 했습니다. 아발란체 팀은 신나게 작업을 하면서, 마법 세계의 게임 플레이에 제일 적합하다고 생각되는 핵심 마법을 추려냈죠"라고 말한다. 마법 세계를 충실히 구현하기 위해 꼭 들어가야 하는 요소들을 결정할 때도 같은 기준을 적용했다. "예를 들어, 만약 우리가 탈것과 빗자루 비행 요소를 게임에 넣지 않으면 팬들 눈에는 제대로 작업한 걸로 보이지 않을 겁니다. 이런 요소들을 게임에 넣으려면 작업할 게 많지만, 해리처럼 히포그리프를 타고 호수 위를 날고 싶은 팬들을 생각하면 그 작업을 못 하겠다고 말할 수가 없더라고요."

옆 페이지 위: 배경팀이 작업한 기숙사별 점수 홀(인게임 렌더링)

옆 페이지 아래 왼쪽: 버네사 파머가 작업한 부엉이 우편의 필드 가이드 그림

옆 페이지 아래 오른쪽: 나산 하드캐슬이 작업한 밝은 불꽃 빗자루의 필드 가이드 그림

왼쪽: 버네사 파머가 작업한 호클럼프 즙의 필드 가이드 그림, 인벤토리(보관함)의 필드 가이드 그림

19세기 말 느낌

호그와트 레거시의 배경은 1800년대 말의 마법 세계라서 새로운 장소와 교수, 적이 등장한다. 이에 대해 스콰이어는 "1800년대 말은 해리 포터 시리즈와 신비한 동물 사전 시리즈의 시대적 배경과 어느 정도 거리가 있어서 책과 영화 팬들이 잘 아는 마법 세계의 인물들이 등장하지 않아요. 물론 빈스 교수 같은 호그와트의 유령들은 예외죠. 시대적으로 아주 멀지는 않아서, 플레이어가 이 게임에서 만나는 캐릭터들은 우리가 아는 현대의 인물들과 관계가 있고 몇몇은 조상이기도 합니다"라고 설명한다.

아발란체 팀은 게임의 시대적 배경을 현대로 정할 생각도 해봤는데, 그러려면 책과 영화에 등장해 팬들에게 사랑받았던 캐릭터들에게 그동안 무슨 일이 일어났는지를 설명해야 해서 일이 너무 복잡해진다는 결론이 났다. 제프 벙커는 "어느 시대든 팬들이 영화나 책에서 본 적 없는 장소를 배경으로 해야겠다는 생각이 들더군요. 마법 세계는 머글 세계보다 세월에 따른 변화가 적으니, 너무 현대적이거나 시대에 맞지 않는 요소를 빼고 오래된 것들로 장식해 가면서 재미있고 간단하게 문제를 해결했습니다"라고 말한다.

호그와트 레거시의 시대를 기준으로 설립된 지 900년이 넘는 호그와트 마법학교에는 수 세기 동안 존재해 온 요소들이 있다. 목이 달랑달랑한 닉은 변함없이 충실하고 명랑한 모습으로 학교 안을 이리저리 떠다닌다. 금지된 숲은 이 시대에도 출입이 금지되어 있으며, 사람들과의 교류를 좋아하지 않는 켄타우로스가 집 삼아 살아가고 있다. 호그

스미드 마을에서는 기원전 382년부터 지팡이를 만들어 온 올리밴더 가문 사람이 지팡이 가게를 운영하고 있다. 학교와 그 주변은 우리가 아는 모습과 약간 다르다. 예를 들어, 이 시대에 고블린들은 전부 그린고츠 마법사 은행에서 일하고 있지는 않다.

19세기는 요즘과는 다른 시대인 만큼 마법 세계의 캐릭터, 장소, 의상도 다를 수밖에 없다. 다만, 1800년대 영국을 배경으로 하더라도 대화와 이야기 내용, 캐릭터는 현대의 감성에 어느 정도 맞아야 한다. 그래야 플레이어가 게임 세계를 이해하고 빠져들 수 있기 때문이다. 시대마다 고유의 속어와 완곡 표현이 있어서 마법 관련 용어들을 새로 추가했다. 스콰이어는 이렇게 말한다. "제일 재미있었던 작업 중 하나가 바로 1800년대 마법 세계에 어울리면서도 요즘 들어도 여전히 충격적인 욕을 만드는 일이었어요. '망토 병자'라는 욕은 요즘 들어도 웃기잖아요."

위: 버네사 파머가 작업한 런던

옆 페이지 위와 아래: 배경팀이 작업한 미장원(인게임 렌더링)과 런던

5학년으로 입학하는 이유

호그와트 레거시의 시대적 배경을 새롭고 독창적인 마법 시대로 정하는 것 말고도 아발란체 팀이 고민한 또 다른 핵심 사항은 플레이어가 호그와트 마법학교에 몇 학년으로 입학하게 하느냐였다. 마법사들은 대부분 열한 살에 입학해 훈련을 시작하는데, 플레이어는 충분히 납득할 만한 특별한 사정 때문에 열다섯 살에 입학하게 된다. 이에 대해 스콰이어는 "플레이어가 호그와트에 1학년으로 입학하면 너무 어린 나이라서 우리가 준비한 이야기에 맞지 않고, 게임 진행에 필요한 책임을 짊어지기도 어렵습니다. 그렇다고 6, 7학년으로 입학하면 이야기가 본격적으로 시작되고 새로운 친구들과 우정을 나누기도 전에 마법학교 생활이 끝나버리겠죠"라고 설명한다.

게임을 하는 동안 플레이어는 위험한 고대의 힘을 세상에 풀어놓으려는 고블린과 어둠의 마법사들로 인해 위험해진 세상에서 자신이 어떤 역할을 해야 하는지 알게 된다. 마법 세계를 구하고 특별한 힘을 완전히 익히기 전에 기숙사를 배정받고 마법의 기초부터 배워야 한다.

플레이어는 마법학교 밖에서 이 게임을 시작하게 되므로, 호그와트 레거시의 마법 세계가 학교 건물과 그 구내에 국한되지 않고 훨씬 넓다는 것을 자연스럽게 알게 된다. 스콰이어는 "이 마법 세계는 아무도 본 적 없는 세상이에요. 우리는 플레이어가 다양하고 광범위한 마법 세계를 경험하길 바랐어요. 무엇보다 호그와트 학생으로 살아보는 건 해리 포터 팬이라면 누구나 오랫동안 꿈꾸고 기다려온 일이죠"라고 말한다. 플레이어는 호그와트 성 바깥에서 모험을 시작하지만 챌린지를 완수하려면 학업을 게을리하지 말아야 한다. 이에 대해 스콰이어는 "성공하려면 모험과 학업이 균형을 이뤄야죠"라고 지적한다.

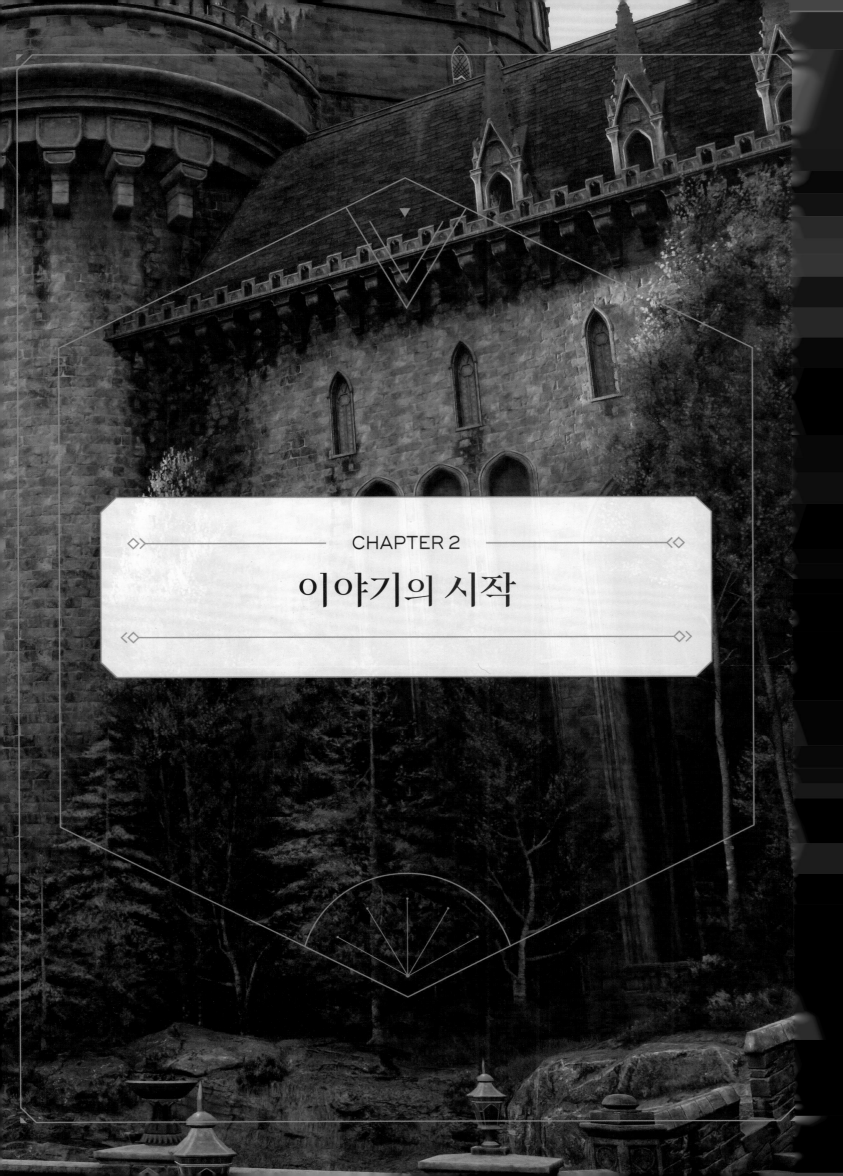

CHAPTER 2

이야기의 시작

게임이 시작되면 플레이어는 자기가 원하는 외모에 맞춰 아바타를 만들어야 한다. 캐릭터 창조 툴로 아바타를 맞춤 제작하면서 다양한 항목을 선택해 주요한 외모 특징을 만들 수 있는데, 초기 설정을 기반으로 수천 가지 외모 조합이 가능하다.

제프 벙커는 "호그와트 레거시는 플레이어가 호그와트 마법학교 입학 통지서를 받으면서 시작됩니다. 여러분이 만들어 가는 이야기이며 여러분의 선택으로 이루어지죠. 그러니 본인의 아바타를 어떻게 꾸미고 선택할지가 중요합니다"라고 말한다.

또한 "플레이어가 게임을 시작하면서 제일 먼저 하는 일이 캐릭터 생성입니다. 여러분은 얼굴 모양, 머리 모양, 눈썹, 눈 색깔, 피부색, 안색, 흉터 및 표식, 안경, 목소리를 선택해 취향대로 마녀나 마법사의 모습을 만들 수 있습니다"라고 덧붙인다.

개발자들이 만든 호그와트 레거시의 모든 캐릭터(대략 수백 명) 중에서 제일 작업하기 까다로웠던 게 바로 플레이어의 아바타였다. 캐릭터 아트 수석 타일러 리버트는 "플레이어 입장에서는 아바타가 한 캐릭터일 뿐이지만, 우리

는 가능한 모든 조합으로 수천, 아니 수백만 가지 아바타를 만들어야 합니다. 이목구비, 눈 색깔, 머리 모양뿐 아니라 플레이어가 게임을 하면서 획득한 옷도 반영해야 하죠. 옷의 종류도 다양한데 교복, 로브, 외투에 스카프, 모자까지 있습니다. 이런 옷 레이어들을 조합했을 때 자연스럽게 움직이는 것처럼 보여야 하는 게 제일 힘들었습니다. 무척 어려운 작업이었죠"라고 설명한다.

플레이어 캐릭터 개발은 NPC(Non-Player Character, 플레이어와 함께 게임을 플레이하지 않고, 사람이 조종할 수도 없는 캐릭터-옮긴이) 캐릭터 개발과는 다르다. 리버트는 "우리는 플레이어가 자기 캐릭터를 직접 만들 수 있게 하고 싶었습니다. 다양한 선택 항목을 제공하는 게 제일 중요했죠. 플레이어가 어떤 항목을 골라 조합하더라도 잘 융합될 수 있도록, 재능 있는 아티스트들로 구성된 팀이 선택 항목들을 작업했습니다"라고 말한다.

28-29페이지: 배경팀이 작업한 호그와트 마법학교 외부(인게임 렌더링)

옆 페이지: 대니 러슨이 작업한 멀린의 로브

위: 버네사 파머가 작업한 아바타의 옷들

카락터 디자인 스튜디오(KARAKTER Design Studio)가 작업한 호그스미드 마을

호그와트에 오신 걸 환영합니다

책과 영화에서 소개된 인상적인 캐릭터와 스토리는 호그와트 레거시의 새로운 캐릭터에 영감을 주었을 뿐 아니라, 마법 세계의 모든 마녀와 마법사들에게도 큰 영향을 미쳤다. 모이라 스콰이어는 "우리는 특정한 교수들에 관한 상세한 배경 이야기와 특징을 구체화 하면서 덤블도어, 스네이프, 맥고나걸, 트릴로니, 엄브리지, 해그리드의 특징을 조금씩 가져왔어요. 해리, 론, 헤르미온느, 루나, 드레이코, 네빌, 지니, 퍼시, 셰이머스 같은 시대를 초월한 캐릭터들의 면면도 1800년대 말 호그와트 마법학교 학생들의 모습에 살짝씩 반영했죠"라고 설명한다.

제일 유명한 교수와 학생부터, 자주 만날 일 없는 마을 상인들에 이르기까지 모든 캐릭터들이 1800년대 말의 복잡한 마법 세계에서 실제로 살아 숨 쉬는 것처럼 완전하고 개성 있게 구현되어야 했다. 또한 각기 다른 인생 경험과 인생관을 가진 다양한 캐릭터들도 만들어야 했다.

마법 가문들의 역사는 수 세대를 거슬러 올라간다. 따라서 이 게임에 등장하는 호그와트 학생들이나 교수들도 어디서 본 듯한 모습일 수밖에 없다. 책과 영화에서 이미 다룬 마법 세계 이야기를 깊게 파고들어 가면 1800년대 말에 어울리는 마법사의 모습, 그리고 마법 세계에 관해 속속들이 잘 아는 팬들이 상상하는 마법사의 모습을 그려낼 수 있다.

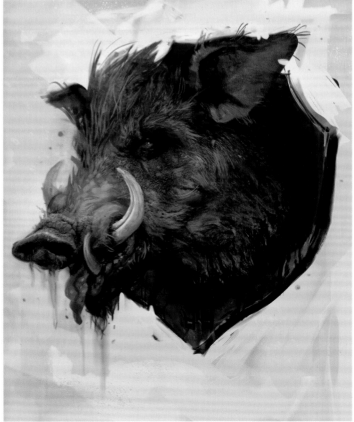

옆 페이지 왼쪽: 라이언 우드가 작업한 블랙 교장

옆 페이지 오른쪽: 배경팀이 작업한 호그스 헤드 술집 주인(인게임 렌더링)

위: 배경팀이 작업한 호그와트 계곡(인게임 렌더링)

왼쪽: 라이언 우드가 작업한 돼지 머리

오른쪽: 캐릭터팀이 작업한 레비오소 조각상(3D 렌더링)

플레이어는 이렇듯 해리 포터 책과 영화 속 호그와트의 모습 그대로는 아니더라도 팬들이 익히 알고 있는 마법 세계에서 게임을 해나간다. 올리밴더 가문 사람이 없다면 올리밴더 지팡이 가게도 있을 수 없다. 개릭 올리밴더의 할아버지인 게르볼드 올리밴더는 게임 속 호그스미드 마을에서 지팡이 가게를 운영하고 있다. 모이라 스콰이어는 "우리는 이 시대에도 있을 법한 가문 중 팬들에게 의미 있는 몇몇 가문을 골라 반영했어요. 위즐리는 수백 년 동안 지속됐을 만한 가문이니 게임 속 호그와트 마법학교에도 한두 명 있어야 맞겠죠. 한 명도 없는 게 오히려 이상할 겁니다"라고 말한다.

타일러 리버트는 "우린 현재의 위즐리 가족과 연결되는 점이 있길 바랐어요. 정확히 어디라고 짚어서 말할 수는 없겠지만요. 그렇게 해야 앞뒤가 맞고 재미도 있을 테니까요"라고 설명한다. 변환 마법 과목 담당 교수 겸 교감인 마틸다 위즐리는 우리 모두 알고 있고 사랑하는 위즐리 가문 사람인 게 단박에 티가 난다. 현실적인 자세, 붉은 머리, 반짝이는 눈은 우리가 아는 위즐리 가문 여성의 전형적인 특징이다. 리버트는 "5학년생인 개리스 위즐리도 붉은 더벅머리에 얼굴에는 주근깨가 가득하죠. 한 번씩 말썽을 일으키지만 나름의 재능을 갖고 있습니다"라고 덧붙인다.

어두운 면을 가진 캐릭터로는 살라자르 슬리데린의 직계 혈통이며 톰 리들과 친척 관계인 오미니스 곤트, 그리고 죽음을 먹는 자 오거스터스 룩우드의 조상인 빅터 룩우드가 있다.

스콰이어는 "그 외에도 해리 포터 시리즈를 잘 아는 사람들에게 익숙한 이름들이 더 나옵니다. 사카리사 터그우드도 그중 하나인데, 훗날 미용 마법의 선구자로 유명해지는 인물이지만 우리 게임에서는 호그와트에 다니는 학생일 뿐이죠. 우리는 플레이어가 사카리사의 초기 실험을 위해 재료 찾는 일을 도와주도록 했습니다. 마법 역사에 대한 경의의 표시죠"라고 설명한다.

옆 페이지: 라이언 우드가 작업한 피브스

아래: 캐릭터팀이 작업한 게르볼드 올리밴더(3D 렌더링)와 올리밴더 제작 과정

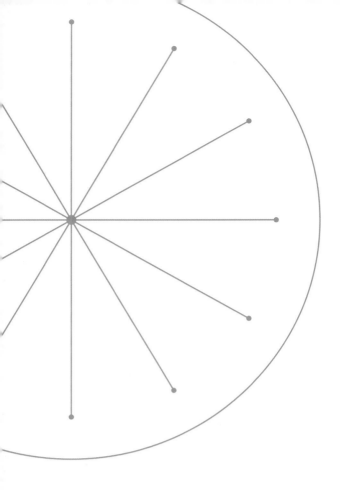

아티스트들은 새로운 학생과 교수 캐릭터들을 생생하게 구현하는 작업을 진행했다. 리버트는 "이런 작업은 스토리와 캐릭터의 성격을 잡는 것부터 시작해야 합니다. 이 캐릭터는 어떤 스토리를 가지고 있을까? 캐릭터의 개성을 구성하는 별난 점, 관심사, 장단점은 무엇일까? 그런 점을 외모에 어떻게 반영할까? 어떤 외모여야 어울릴까? 우리는 여러분이 새로운 캐릭터를 보자마자 누구이고 어떤 사람인지 느끼길 바랍니다. 캐릭터가 움직이고 감정을 드러내면서 캐릭터의 정체성이 점점 나타나겠죠. 우리는 스토리상의 필요부터 시작해 콘셉트를 거쳐 완성에 이르기까지 단계마다 캐릭터에 살을 붙여나갑니다. 어렵지만 정말 재미있고 만족스러운 과정이에요"라고 말한다.

우리는 캐릭터별 일대기도 만들었다. 일부 캐릭터에 대해서는 어디서 살고 무슨 일을 하는지뿐만 아니라, 성격의 심리적 구성의 바탕이 되는 개인사까지 상세하게 준비했다. 리버트는 "우리 스토리팀이 캐릭터를 개발하면서 일을 정말 잘해줬어요. 제대로 진정성을 추구한 거죠. 캐릭터의 나이, 출신지, 좋아하는 것과 싫어하는 것, 장단점 같은 캐릭터의 배경 이야기와 일대기까지 준비했어요"라고 설명한다. 개성과 행동에 대한 동기를 장착한 캐릭터들을 호그와트 마법학교의 4개 기숙사에 배정했다. 리버트는 "이 정도로 깊게 파고들었더니 캐릭터의 비주얼과 애니메이션을 구현하기가 더 편해졌습니다"라고 덧붙인다. 아티스트들은 캐릭터를 개발하면서 이렇게 준비한 개인

사 정보를 자주 참고했다.

호그와트 마법학교, 호그스미드 마을, 고지의 캐릭터들의 외모는 영화 촬영을 위해 제작된 호그와트 마법학교의 초상화들을 비롯해 다양한 출처를 참고했다. 초상화 속 인물들 중 일부는 이 게임의 시대적 배경인 19세기 말에 존재했을 수도 있다. 또한 소설에 들어간 일러스트도 참고했다. 리버트는 "당연히 그럴 수밖에요. 책, 영화, 일러스트에서 참고할 자료가 무척 많았어요! 우리만의 스타일로 일관성 있게 만들어 나가려 애썼지만, 기존에 만들어진 작업물에서 영감을 받을 수밖에 없었죠"라고 말한다. 제안이나 선택, 유도 정도에 불과하긴 했지만, 영감이 캐릭터의 콘셉트 아트뿐 아니라 캐릭터들이 사용하고 만나는 모든 것에 영향을 준 게 사실이다. 콘셉트 아트 수석 세바스티엔 가예고는 "본격적으로 펜을 들고 종이에 그림을 그리기에 앞서, 기존 자료를 모두 참고 페이지에 담아두고 연구하는 것은 멋진 경험이었습니다. 하지만 기존 자료를 그대로 가져다 쓰진 않았어요. 마법 세계를 우리 나름으로 변형하고 싶었죠. 기숙사 배정 모자부터 학생 망토에 붙어있는 기숙사 문장 배지에 이르기까지 모든 것을 새로 디자인했습니다!"라고 설명한다.

옆 페이지: 세바스티엔 가예고가 작업한 폴터가이스트 유령 파스티디오, 버네사 파머가 작업한 뚱보 수도사 유령, 그린고츠 마법사 은행 경비원, 베아트리체 그린

버네사 파머가 작업한 어두운 습지

교수들 그리고 호그와트 사람들

교수들은 수업을 진행하면서 플레이어가 호그와트 모험에서 사용할 수 있는 중요한 도구를 제공한다. 세바스티엔 가예고는 "교수들을 디자인하는 작업은 무척 흥미로웠습니다. 교수들은 호그와트의 중심이니 제대로 디자인하고 싶었죠. J.K. 롤링은 책에서 다양한 캐릭터들을 다채롭게 묘사했는데 우리도 그분 못지않게 풍성하고 다면적인 캐릭터들을 디자인하고 싶었습니다!"라고 말한다. 처음 보자마자 기억에 콱 박히는 인상적인 캐릭터로 만드는 게 중요했다. 가예고는 "위즐리 교수는 엄격하지만 다정한 교감입니다. 붉은 머리카락을 길게 땋아 내리고 나뭇잎 문양이 들어간 옷을 입은 갈릭 교수는 매드아이 무디의 마법 눈알 못지않게 특징이 뚜렷하죠. 우린 교수들을 전부 개성 있게 만들고 싶었어요"라고 덧붙인다.

멘토링이 해리 포터 책에서 중요한 요소인 만큼, 게임 제작자들은 플레이어에게 멘토를 붙여주었다. 엘리자 피그 교수는 플레이어가 호그와트를 돌아다니는 동안은 물론이고 호그와트 성 내부와 외부에서 고대 마법과 관련된 일이 벌어지는 동안에도 플레이어를 이끌어 준다.

피그 교수는 아발란체 팀이 개발한 첫 캐릭터 중 하나이며 아마도 완성에 이르기까지 제일 많은 시간이 소요됐을 것이다. 처음에는 비실거리는 노인 캐릭터로 설정됐지만, 오랫동안 게임 개발 작업이 진행되고 호그와트 레거시의 이야기에 살이 붙으면서 약간 다른 방향으로 발전했다. 리버트는 "피그 교수는 세상 곳곳을 다녀본 쿨한 노교수로 점점 바뀌었어요. 인디아나 존스 같은 캐릭터에 가까워진 거죠. 외모에도 변화가 필요했습니다. 작업량이 늘어나니 힘은 들었지만 주요 캐릭터 중 하나라서 우리는 많은 시간을 들여 더 재미있는 인물로 만들었습니다"라고 말한다.

세바스티엔 가예고는 "피그 교수는 복잡하고 매력적인 캐릭터죠. 큰 슬픔을 겪었으면서도 흥이 있고 플레이어에게는 멘토 역할도 해줍니다. 이런 면들을 그의 얼굴과 의상 디자인에 반영해야 했어요. 우린 그의 살짝 특이한 성격과 세상 곳곳을 다녀본 사람 특유의 분위기를 과장 없이 자연스럽게 의상에 스며들게 하고 싶었어요. 그는 전형적인 호그와트 교수가 아니잖아요. 물론 호그와트에는 전형적인 교수는 없지만요"라고 설명한다.

엘리자 피그 교수, 마법 이론 과목 담당
[그리핀도르]

엘리자 피그는 마법 정부에서 일하고 싶은 포부를 접고 아내 미리암과 함께 세상을 돌아다녔다. 미리암은 세상에서 사라진 듯한 고대 마법을 연구하는 사람이었다. 어느 날 문득 이런 탐험에 지친 피그는 아내 혼자 연구를 계속하게 하고, 자신은 호그와트 마법학교의 마법 이론 과목 담당 교수로 일하기로 했다. 하지만 여행 중이던 미리암이 정체를 알 수 없는 누군가에게 죽임을 당하자 피그는 큰 충격을 받았다. 결국 그는 아내가 하던 작업을 이어받아 마무리하기로 했다. 그는 학생들과 동료 교수들에게 의욕이 넘치고 성실한 인물로 평가받는다. 하지만 대부분은 그의 열정을 온전히 이해하지 못한다. 피그는 어리석은 짓을 좀처럼 하지 않으며, 자신의 편의를 위해 블랙 교장을 교묘하게 조종하기도 한다. 블랙 교장과는 의견이 자주 틀어지는 편이다.

플레이어는 모험에 대한 열정, 강한 도덕률, 뛰어난 마법 기술을 가진 피그 교수를 우러러보면서 자기만의 마법 기술 세트를 개발해 나가게 된다.

옆 페이지 위: 캐릭터팀이 작업한 엘리자 피그 교수(3D 렌더링)

옆 페이지 아래: 세바스티엔 가예고가 작업한 피그 교수의 지팡이

위: 벤 시몬슨이 작업한 엘리자 피그 교수 그림, 나산 하드캐슬이 작업한 포트키

아브라함 로넨 교수, 마법 과목 담당
[슬리데린]

쾌활하고 명랑하며 언제나 눈이 반짝반짝 빛난다. 그는 학생들에게는 우정과 특별 활동이 마법 수업만큼이나 중요하다고 여긴다. 호그와트 마법학교에 다니기 전에도 그랬고 재학 중에도 엄격한 아버지 밑에서 가르침을 받으며 자란 탓에 온갖 종류의 게임을 좋아하는데 그중에서도 특히 곱스톤 게임을 좋아한다. (어느 활기찬 곱스톤 대회에서 아내를 만났을 것으로 생각된다.) 수업 중에 종종 게임을 진행하는 등 비정통적인 방식으로 수업을 이끌어 가고 있어서 학생들 대부분이 좋아한다.

이솝 샤프 교수, 마법약 과목 담당
[슬리데린]

호그와트 마법학교를 졸업한 후 그동안 연마한 어둠의 마법 방어법과 마법약 제조 기량을 이용해 오러로서 성공적인 경력을 쌓았다. 하지만 어느 날 적에게 기습당해 본인은 심한 부상을 입었고 파트너는 죽임을 당하고 말았다. 부상으로 조기 은퇴했기 때문에 그는 늘 주변을 경계하며 살았다. 그가 호그와트 마법학교의 마법약 교수 자리에 지원한 이유 중에는 학교에 있는 자원을 이용해 다친 곳을 치료할 수 있을지 모른다는 희망도 일부 있었다. 대체로 학생들에게 존경받지만 무뚝뚝한 면 때문에 그를 싫어하는 학생들도 있다. 언젠가 오러로서 현장으로 복귀하고 싶어 하면서도, 어려운 교과 과정을 잘 따라와 실력이 향상되는 학생들을 보면 뿌듯해한다. 학생들이 이론을 실제로 응용해 가며 배우도록 하는 편이라 강의 시간은 짧은 편이다. 얼굴에는 왼쪽 눈을 가로지르는 큰 상처가 있고 걸을 때 절뚝거린다. 그런 모습을 볼 때마다 우리는 그가 마법 정부를 떠나게 된 이유를 떠올리게 된다.

디나 헤캣 교수, 어둠의 마법 방어법 과목 담당
[래번클로]

호그와트 마법학교를 일등으로 졸업하고 마법 정부에서 '입에 담지 말아야 할 자'로 일하며 성공적인 경력을 쌓은 뒤 호그와트에서 어둠의 마법 방어법 담당 교수가 됐다. 의지가 강하고 분명한 성격으로, 엄격하지만 학생들 사이에서 인기가 많다. 교실에서만 수업하는 걸 답답해하며, 어떻게든 움직일 기회를 만들기 위해 실습 교육 방법을 개발했다.

미라벨 갈릭 교수, 약초학 과목 담당
[후플푸프]

호그와트 마법학교의 약초학 교수. 많은 이들에게 사랑받는 인물이다. 다른 교수들과 달리 성격이 쾌활하다. 머글 가족 출신이며, 호그와트 마법학교 학생 시절 마법 식물에 대한 재능을 발견하고 실력을 연마했다. 호그스미드 마을의 스리 브룸스틱스 술집 주인 시로나 라이언과 학창 시절에 만나 지금까지 친구로 지내고 있다. 태도가 명랑하고 '꽃처럼 예쁜 말'을 사용해서 동료 교수들과 학생들에게 인기가 많다. 아직 제 짝(마녀)을 만나지 못했지만 호그와트에서 만족스럽게 살고 있다.

옆 페이지 위: 라이언 우드가 작업한 로넨 교수

옆 페이지 아래: 캐릭터팀이 작업한 샤프 교수(3D 렌더링)

위: 캐릭터팀이 작업한 디나 헤캣 교수(3D 렌더링), 세바스티엔 가예고가 작업한 지팡이

왼쪽: 조슈아 H 블랙이 작업한 미라벨 갈릭 교수, 세바스티엔 가예고가 작업한 지팡이

커스버트 빈스 교수(유령), 역사 과목 담당

젊은 시절에 대해서는 별로 알려진 바가 없다. 빈스는 죽기 전까지 수십 년 동안 호그와트 마법학교에서 학생들을 가르쳤고, 죽은 후에도 수십 년째 강의를 계속하고 있다. 어느날 그는 교무실 난로 앞 안락의자에 앉아 잠이 들었다가 그대로 죽음을 맞이했다. 유령이 되고 나서도 평소처럼 잠에서 깨어나 다음 수업을 하러 갔다. 그는 자기가 죽은 줄도 모른다고 말하는 사람도 있는데, 허공에 둥둥 뜬 채로 칠판을 통과해 교실을 드나드는 걸 보면 꼭 그런 것 같지도 않다.

보스턴 매드슨은 "빈스는 최근에 죽은 유령이라서 물리적 세계에 직접 영향을 줄 수 있는 능력이 거의 없습니다"라고 설명한다. 매드슨은 빈스 교수의 교실을 디자인하면서, 빈스가 학생들의 숙제를 어떻게 채점할지를 놓고 고민했다. "강의 위주의 교수이니 처음엔 별로 어려울 게 없다고 생각했어요. 하지만 결국 학생들의 숙제를 어떻게 모아 채점할지, 칠판에는 어떻게 필기할지 같은 흥미로운 문제들을 해결해야 했죠. 뛰어난 조교가 그런 자잘한 일을 대신해 주면 되겠지만, 빈스 교수의 교실이 너저분한 데다 학생들이 제출한 숙제까지 한옆에 쭉 쌓이고 있는 걸 보면 조교가 없는 것 같기도 합니다"라고 말한다.

치요 코가와 교수, 비행술 과목 담당
[슬리데린]

마호토코로 마법학교를 다녔고 일본 마법 정부에서 근무했다. 그러다 위즐리 교수를 만나서 호그와트 마법학교 교수로 오게 됐다. 평소에는 내성적인데 수업하고 심판 보고 학생들을 훈육할 때는 완전히 다른 사람이 된다. 도요하시 텐구 팀에 입단 시험을 치르면서 좋지 않은 경험을 하게 됐고, 그 일로 명예와 신뢰에 관한 귀중한 교훈을 얻었다. 명예와 신뢰의 가치를 높이 평가하기 때문에, 스포츠 정신을 훼손한 학생은 '퀴플'을 입에 올리기도 전에 경기장에서 쫓아내 버린다.

마틸다 위즐리 교수 겸 교감, 변환 마법 과목 담당
[그리핀도르]

붉은 머리의 마틸다 위즐리는 호그와트 마법학교를 졸업한 후 마법 정부에서 근무했다. 차분한 성격과 뛰어난 지팡이 기술을 지닌 마틸다는 소중한 자산으로 대우받으며 빠르게 승진했다. 마법 정부를 위한 임무를 수행하던 중에 뛰어난 재능과 자유로운 영혼을 가진 마법사 폴을 만났다. 당시 폴은 저주 해제 전문가로 일하고 있었다. 두 사람은 곧 서로가 제 짝임을 알아보았고 마틸다는 답답한 관료 사회를 떠나 '프리랜서' 저주 해제 전문가로서 폴과 함께 세상을 돌아다니기로 했다. 마틸다는 폴을 많이 좋아했지만

얼마 후 자신이 진정으로 원하는 건 안정된 삶임을 깨달았다. (엄청 많은 수의) 조카들이 보고 싶었고 재능 있는 마녀, 마법사들과 함께 일하면서 느꼈던 동지애가 그리웠다. 안타깝게도 폴은 '여행을 멈추는 것'을 원하지 않았다. 마틸다는 호그와트 마법학교에서 변환 마법 과목을 가르치는 교수로 일하게 됐다. 규칙에 엄격한 편이지만 권위를 내세우지 않고 유머도 있어서 두루 존경받는 멘토가 됐다.

옆 페이지: 캐릭터팀이 작업한 위즐리 교수(3D 렌더링)

위: 세바스티엔 가예고가 작업한 위즐리 교수의 지팡이

아래 왼쪽: 세바스티엔 가예고가 작업한 호원 교수의 지팡이

아래: 라이언 우드가 작업한 호원 교수

바이 호원 교수, 마법 동물학 과목 담당
[후플푸프]

바이 호원은 마법 동물들을 존중하지만 마법 동물은 마녀와 마법사에게 유용한 존재에 불과하다고 여긴다. 어렸을 때 오캐미를 만난 후로 마법 동물들을 경외의 눈으로 보게 됐고, 마법 동물을 갈레온 몇 푼에 팔아먹는 밀렵꾼들을 혐오한다. 마녀와 마법사에게 무엇을 제공해 주느냐, 즉 몸을 보호하는 옷과 마법약 재료, 지팡이 심으로 쓰일 수 있느냐가 마법 동물의 가치를 결정한다고 본다. 다음 세대 마녀와 마법사에게 이를 이해시키는 것을 사명으로 삼는다.

사티아바티 샤 교수, 천문학 과목 담당
[래번클로]

머글 세상에서 주로 성장했으며, 과학에 관심이 많아 호그와트 마법학교에 다니는 동안에
도 과학 공부를 계속했다. 호그와트를 졸업한 후 천문학 과목 담당 교수가 되어 수도승처
럼 오로지 천문학에 헌신하고 있다. 본인이 다루는 과학 분야처럼, 학생들에게 다소 차갑
고 어려운 느낌을 주기도 한다. 천상에 관한 얘기를 할 때는 열을 잘 내는 편이며 호그와
트의 다른 과목들(예를 들면 점술 같은 과목)을 이도 저도 아닌 애매한 과목이라고 여긴다.

무디와 오나이 교수,
점술 과목 담당

원래 와가두 마법학교에서 점술 과목을 가르쳤는데 친구 마틸다 위즐리 교수에게 호그와 트 마법학교 교수로 와달라는 초대를 받았다. 예언자임에도 불구하고 남편의 죽음을 예 견하지 못했던 오나이는 남편이 살해당한 비극적인 기억에서 벗어나기 위해 초대를 수 락했다. 오나이는 애니마구스(아프리카 바다수리)이지만 남편이 살해당한 후로는 변신을 거부한다. 엄격한 편이며 학생들과 딸 낫사이에게 많은 기대를 하고 있다. 지팡이 기술이 뛰어나지만 고향에서의 관습대로 딸 낫사이처럼 맨손으로 마법을 쓰는 걸 더 좋아한다. 어느 방에서든 위풍당당하며, 교류하는 모든 사람들에게 존중을 요구한다.

옆 페이지 위: 버네사 파머가 작업 한 샤티아바티 샤 교수

옆 페이지 아래: 세바스티엔 가예 고가 작업한 샤 교수의 지팡이

위: 벤 시몬슨이 작업한 무디와 오 나이 교수

왼쪽: 캐릭터팀이 작업한 무디와 오나이 교수의 스컬프트

51

피니어스 나이젤러스 블랙 교장
[슬리데린]

호그와트 마법학교 교장이지만 기본적으로 학생들을 깔보고 있어서 교장직에 어울리지 않는 인물이다. 불평불만이 많고 게으르며 허영심이 강한 순수 혈통으로, 거만한 태도와 아둔한 세계관을 갖고 있다. 최대한 일을 조금만 하고 학생들과의 접촉도 최소화하려 한다. 자신을 패션 아이콘쯤으로 여기고 있어서 턱수염을 깔끔하게 손질하는 것에 집착한다.

PHINEAS NIGELLUS BLACK

꼭대기: 라이언 우드가 작업한 피니어스 나이젤러스 블랙의 스케치

왼쪽: 라이언 우드가 작업한 피니어스 나이젤러스 블랙

바로 위: 세바스티엔 가예고가 작업한 블랙 교수의 지팡이

옆 페이지: 캐릭터팀이 작업한 피니어스 나이젤러스 블랙(3D 렌더링)

다른 주요 인물들

머글 부모 사이에서 태어난 노린 블레이니는 병동 양호교사다. 호그와트 마법학교를 졸업한 지 얼마 안 됐으며 후플푸프 기숙사 출신이다. 새로 부임한 치유사인 노린은 병동의 규율을 준수하면서 업무 요령을 익혀야 한다. 경험이 부족하지만 불굴의 정신으로 해나가고 있다.

수석 사서 아그네스 스크럽너는 전형적인 큐레이터다. 도서관 질서를 엄격하게 유지하고, 학생들에게 문학을 소개하는 일에 열정을 쏟는다. 학생들이 도서관 규칙과 학교 재산을 존중하는 한, 숙제도 기꺼이 도와준다. 피브스와는 지독한 앙숙이다.

호그와트 마법학교 관리인 글래드윈 문은 자신감이 넘치지만 관리 업무는 잘 수행하지 못한다. 호그와트 마법학교 재학 시절에는 인기도 많고 재미있는 학생이었는데 어른이 된 지금은 성공과 거리가 먼 삶을 살고 있다. 우스꽝스러울 정도로 오만하고 부주의한 편이다. 보란 듯이 옷을 차려입고 다니며, 자기는 관리인으로 살기엔 너무 멋진 사람이라고 생각한다. 겉으로 드러내진 않지만 어린 시절 트라우마 때문에 데미가이즈를 두려워한다.

뚱뚱한 귀부인 초상화는 그리핀도르 휴게실 입구를 지키고 있다. 계속 바뀌는 암호를 대야만 문을 열어준다. 타일러 리버트는 "뚱뚱한 귀부인 초상화 작업은 무척 재미있었어요! 책과 영화에 나온 모습에 영감을 받기는 했지만 한 걸음 물러나, 뿌루퉁한 표정이라든지 탱탱하게 찰랑거리는 짙은 색 고수머리 같은 우리만의 재미 요소를 추가했죠. 엄청 재미있는 캐릭터가 됐어요!"라고 말한다.

뚱뚱한 귀부인의 초상화를 완성하는 일은 쉽지 않았다. 보스턴 매드슨은 "이 초상화 작업이 이렇게 어려울 줄 누가 알았을까요! 시간은 계속 흘러가는데 작업의 끝이 보이지 않았어요. 이 건으로 수차례 회의를 하면서, '저 분홍색 옷을 입은 뚱뚱한 귀부인이 노래라도 해야' 이 작업이 끝날 것이라는 말이 나올 정도였죠!"라고 설명한다.

옆 페이지: 캐릭터팀이 작업한 뚱뚱한 귀부인의 초상화

위: 조슈아 H 블랙이 작업한 사서의 초상화

아래: 캐릭터팀이 작업한 글래드윈 문(3D 렌더링)

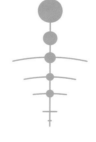

옆 페이지 위에서부터 아래로: 애
니메이션팀이 작업한 고블린의 공
격, 회피 동작, 히포그리프의 착륙

호그와트 레거시의 유령들

그리핀도르 기숙사 소속 플레이어는 호그와트 기숙사 유령들 외에, 호그스미드 묘지에서 (미심쩍은 과거사를 갖고 있으며 영원한 경쟁 관계인) 머리 없는 사냥회의 유령 회원들도 만나게 된다.

- **패트릭 딜레이니 포드모어 경**: 머리 없는 사냥회의 떠들썩한 회장. 머리 없는 유령 친구들과 재미있게 놀면서 친하게 지내는 걸 좋아한다.

- **덤프리 웨스트랜드 경**: 이제는 거의 다 잊힌 초기 반란 시기에 고블린과 전투하다 머리가 잘렸다. 하지만 눈치가 너무 없어서, 전투가 끝나고 한참이 지난 후까지도 자기가 죽은 걸 몰랐다.

- **리처드 잭도우**: 고집 센 호그와트 학생이었는데, 위험한 곳으로 모험을 떠났다가 머리를 잃고 말았다. 워낙 모험을 좋아한 탓에 죽임을 당했고 한 번 이상 실연당하기도 했다.

- **네스토르 암셋 경**: 나라 안에서 권력 다툼을 하던 반란자들과 함께 처형당했다. 주동자급도 아니었지만 잘못된 편에 선 바람에 목숨을 내놓게 됐다. 머리 없는 사냥회에서의 서열은 바닥이다.

맨 위: 벤 시몬슨이 작업한 사망일 파티

옆 페이지 아래: 라이언 우드가 작업한 피투성이 남작

왼쪽: 라이언 우드가 작업한 피투성이 남작

바로 위: 벤 시몬슨과 BOSI가 작업한 머리 없는 사냥회의 문장 태피스트리

HOGWARTS

BLACK LAKE

친구들과 동료 학생들

호그와트 마법학교에 다닌다는 것은 강력한 마녀나 마법사가 되기 위해 공부하는 게 전부가 아니다. 학교생활에서 제일 중요한 점 중 하나는 동료 학생들과 친구가 되는 것이다. 플레이어는 게임 안에서 친구들을 많이 사귀지만, 그중 플레이어가 마법사로서 정체성을 확립하도록 도와주는 중요한 친구 세 명이 있다. 투지 넘치고 용감한 내티, 마법 동물들을 사랑하고 열심히 돌보는 포피, 사랑하는 사람을 보호하기 위해서라면 기꺼이 규칙을 어기고 어둠의 마법도 사용하는 선의를 가진 슬리데린 소속 남학생 세바스찬이 바로 그들이다.

모이라 스콰이어는 "우리는 플레이어들을 사로잡고 감흥을 불러일으킬 만한 이야기와 동기를 가진 흥미롭고 다양한 학생들을 창조하고 싶었어요"라고 말한다. 내티는 플레이어처럼 살짝 아웃사이더이긴 하지만, 정의감 강한 플

레이어들의 마음을 사로잡을 만하다. 포피는 마법 동물들을 좋아하는 사람들에겐 누구보다 잘 맞는 짝이다. 개발자들은 어둠의 마법에 관해 자세히 알고 싶어 하는 플레이어들을 위해, 어둠의 마법에 관심 있는 캐릭터를 적어도 한 명은 넣고 싶어 했다. 세 친구는 모두 플레이어와 의리를 지키면서, 각각 다른 방향으로 플레이어를 이끌어 간다.

스콰이어는 "각 이야기는 이 캐릭터들이 어떤 동기를 가졌고 플레이어를 어디로 이끌지를 말해줍니다. 세 캐릭터 모두 해리 포터처럼 배경 이야기에 비극적인 요소를 하나씩 갖고 있고 각각 극복해야 할 장애물도 있어요. 그리고 세 명 모두 세상을 더 나은 곳으로 만들고 싶어 하죠. 그러다 보면 사랑하는 사람들과 마법 동물들, 범죄 피해자의 삶도 나아질 테니까요"라고 설명한다.

60-61페이지: 나산 하드캐슬이 작업한 호그와트 레거시 수집가용 한정판 책에 수록된 지도

옆 페이지: 배경팀이 작업한 대연회장(인게임 렌더링)

아래: 벤 시몬슨이 작업한 여학생 스케치

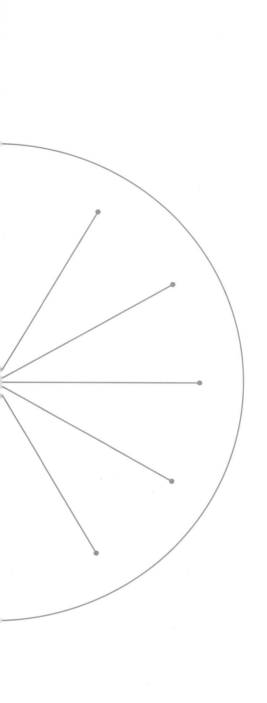

바로 위: 캐릭터팀이 작업한 포피 스위팅(3D 렌더링)

옆 페이지 위에서부터 아래로: 벤 시몬슨이 작업한 포피의 퀘스트 길, 포피 스위팅의 퀘스트, 용의 둥지

포피 스위팅
[후플푸프]

마법 동물들을 아끼는 동정심 많은 소녀다. 사람보다 마법 동물들이 더 구할 가치가 있다고 믿는데, 어렸을 때 밀렵꾼 부모와 밀렵꾼 캠프에서 살면서 그런 생각을 품게 됐다. 선택할 수 있다면 사람보다 마법 동물과 함께하는 삶을 택하겠다는 마음이라서, 남들 눈에는 내성적으로 보인다. 학교에 있지 않을 때는 할머니와 함께 지내고 있다. 부모와 따로 살고 있어서인지 독립적인 분위기를 풍긴다. 마법 동물에 대한 배려 따위는 거의 없는 시대라서 마법

동물들을 위해 기꺼이 나서서 싸우는 포피는 특별한 존재일 수밖에 없다. 일상에서 시대의 무정한 태도에 늘 맞서고 있으며, 밀렵꾼 패거리를 상대로 중요한 전쟁을 하고 있다. 밀렵꾼의 존재 자체를 혐오하며, 밀렵꾼들로부터 마법 동물을 지키기 위해서라면 위험해도 뭐든 할 각오가 되어있다.

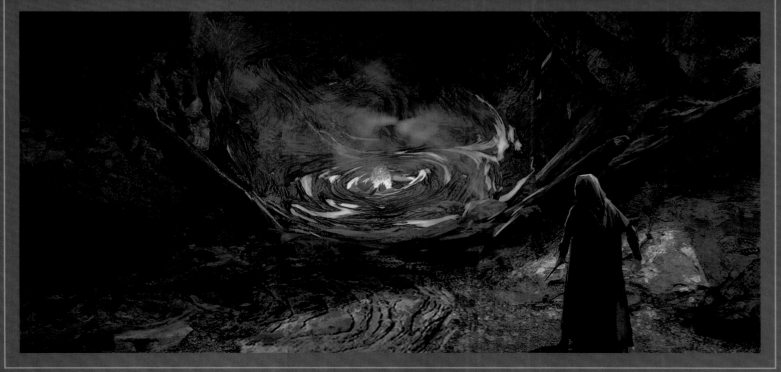

낫사이(내티) 오나이
[그린딘도르]

마법 기술, 투지, 투철한 정의감을 지닌 멋진 인물이다. 외동딸인 내티는 어린 시절 아프리카 마타벨렐란드 지역에서 애니마구스(기린)인 아버지와 함께 마토보 언덕을 돌아다녔고, 숙련된 예언자인 어머니가 우호적이지 않은 이웃들로부터 부족을 보호하기 위해 점술을 이용하는 것을 보며 자랐다. 내티가 아홉 살이었을 때 아버지는 그 지역 강도들로부터 내티를 지키려다 죽임을 당했다. 어머니도 예견하지 못했던 일이었다. 내티는 아버지가 돌아가신 게 자기 탓이라고 생각한다.

내티는 어머니와 함께 우간다로 이사했고, 그곳에서 와가두 마법학교에 다니며 애니마구스(가젤)가 되는 법을 익혔다. 내티가 4학년으로 학기를 시작하기 전에 어머니는 호그와트 마법학교에 와서 점술을 가르쳐 달라는 제안을 수락했다. 새 학교에 잘 적응해서 지내던 내티는 빅터 룩우드 패거리를 보고 아버지를 살해한 강도 패거리를 떠올렸고, 그들을 소탕하기로 마음먹었다.

오른쪽: 캐릭터팀이 작업한 낫사이 오나이(3D 렌더링)

옆 페이지: 캐릭터팀이 작업한 세바스찬 샐로우(3D 렌더링)

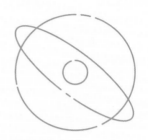

세바스찬 샐로우
[슬리데린]

비밀이 많고 매력적이며 의욕 넘치는 학생이다. 세바스찬과 여동생 앤은 마법 정부 오러였던 삼촌 솔로몬 샐로우 밑에서 컸다. 호그와트 마법학교 4학년이 되기 전 앤은 펠드크로프트의 집에서 고블린 란록과 그 추종자들에게 습격받아 저주에 걸리고 말았다. 앤은 마법 병증으로 인한 끝없는 고통에 시달리느라 학교에도 갈 수 없게 됐다. 세바스찬은 여동생을 위한 치료법을 찾으려고 애쓰고 있으며 해결책을 찾기 위해 어둠의 마법에도 의존하고 있다. 그는 선한 의도와 목표를 가지고 있지만, 목표 달성을 위해서라는 명분으로 미심쩍게 행동할 때도 있고, 여동생의 병을 어둠의 마법을 조사하기 위한 핑계로 삼기도 한다. 세바스찬은 마법 그 자체가 선하거나 악하다기보다는 도구일 뿐이라고 생각한다.

세바스찬은 패배해도 크게 개의치 않고 의연하게 계속 목표를 향해 나아간다. 비록 부모님이 돌아가셨지만, 부모님에 대한 기억에 의지하면서 부모님처럼 낙천적으로 살려고 노력한다. 매사에 끈기 있고 늘 열린 마음으로 살며 항상 지식을 추구하려 애쓴다.

다른 학생들

스콰이어는 "그다음으로 우리는 다양한 플레이어들 마음에 들면서도 해리 포터 세계관에 맞는 일반적인 성격들에 대해 생각해 봤어요"라고 말하면서 장난꾸러기, 책벌레, 운동선수/경쟁자 등을 언급한다. 그리고 "일반적인 콘셉트를 기반으로 구체적인 배경 이야기와 목소리를 더한 후 게임 개발 기간 동안 수정해 나갔죠"라고 설명한다.

에버렛 클롭턴은 래번클로 소속으로 장난을 좋아하는 5학년생이며 툭하면 규칙을 어긴다. 경쟁심 강한 슬리데린 소속 이멜다 레예스는 친절한 편은 아니지만 빗자루 비행 감각이 있는 학생으로 알려져 있다. 그리핀도르 소속이며 마틸다 위즐리 교수의 조카인 개리스 위즐리는 직접 만든 마법약으로 다양한 실험을 한다. 래번클로 소속 아밋 타카르는 유명한 역사가가 되려는 꿈을 갖고 있지만, 역사와 마법 존재에 관해 정확하지 않은 가정을 전개하기 일쑤다. 그리핀도르 소속 5학년생 리앤더 프루잇은 으스대며 허세

를 부리지만, 용감하고 영웅적인 인물이 되어야 한다는 집안의 기대에 미치지 못할까 봐 불안해한다.

5학년생 오미니스 곤트는 살라자르 슬리데린의 후손이다. 성장 과정에서 몹시 충격적인 경험을 한 탓에 비관적이고 남을 잘 믿지 않으며 빈정대는 사람이 되고 만다. 그래도 세바스찬 샐로우와는 절친 사이다. 세바스찬이 여동생 앤을 위해 어둠의 마법과 관련한 도움을 요청할 때마다 오미니스는 몹시 걱정하고 불편해한다.

스콰이어는 "모두 매력적이고 개성이 뚜렷하며 잘 만들어진 캐릭터들입니다. 각자 개인사가 있고 다양한 세계관을 갖고 있죠. 실제 세상에서와 마찬가지로, 플레이어는 어떤 친구를 선택해 함께 시간을 보내느냐에 따라 각기 다른 경험을 하게 됩니다"라고 말한다.

왼쪽: 캐릭터팀이 작업한 아밋 타카르와 레노라 에버리(3D 렌더링)

옆 페이지: 캐릭터팀이 작업한 에버렛 클롭턴(3D 렌더링)

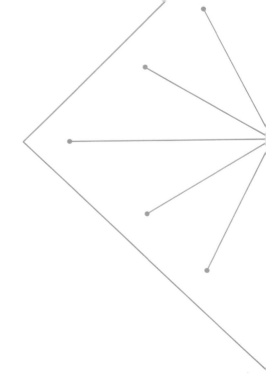

적들

호그와트 마법학교 주변 지역은 물론 고지 같은 가까운 곳에서도 불법 행위가 활발하게 이루어지고 있다. 호그와트 레거시에는 폭력배와 고블린 같은 적들이 등장해서 플레이어의 능력과 성격을 테스트하는 챌린지를 제공한다. 스콰이어는 "빅터 룩우드는 우리가 책에서 본 죽음을 먹는 자 오거스터스 룩우드의 조상이며 전형적인 어둠의 마법사입니다. 부와 권력을 탐하는 폭력배죠. 반면에 고블린 반란 세력의 대장 란록은 권력욕이 강하고, 그 힘을 이용해 '지팡이 잡이들'에게 반란을 일으켜 마법 세계를 차지하려 합니다"라고 말한다.

어둠의 마법사와 고블린 대장을 적으로 둔 플레이어는 전투의 관점에서, 그리고 이야기의 관점에서 완전히 다른 양상의 악당들을 상대해야 한다. 전투 양상과 동기가 다르므로 플레이어는 어둠의 마법사와 고블린 대장, 그들의 추종자와 심복들을 맞닥뜨렸을 때 다른 방식으로 생각하며 싸워야 한다.

마법 세계에서는 마녀와 마법사가 주문을 교환하고 방패 마법으로 방어하며 상대에게 폭발 마법을 시전해 쓰러뜨리기도 한다. 전투 및 적대 세력 디자인 수석 트로이 존슨은 "우리는 기존 이야기에 나온 대로 적들이 다양한 주문을 이용해 플레이어에게 덤벼들도록 만들었습니다. 기존 이야기에는 트롤이나 다리 여덟 개 달린 마법 동물, 인페리우스 같은 또 다른 종류의 적이 나오는 인상적인 순간들이 있는데 그런 장면도 적절하게 구현해야 했죠"라고 설명한다.

책과 영화에는 팬들이 열광하는 다양한 적들이 나온다. 이처럼 기존 이야기에 나오는 적들을 디자인하다 보면 어려운 선택에 직면하기도 한다. 존슨은 "어떤 적을 쓰러뜨리려면 특정한 주문을 사용해야 하는데, 그 주문을 제한적으로 만들어 내고 가르치는 작업에 시간과 노력이 너무 많

이 들기도 합니다"라고 말한다.

그는 "전투팀이 몹시 구현하고 싶어 했지만, 우리가 만든 세계와 서사 안에 녹여 넣기에 적합하지 않은 존재들도 있었어요"라고 덧붙인다.

적대 세력을 디자인하면서 제일 신경 쓴 것은 적 하나하나가 기존 이야기와 팬들의 기대에 부응하면서도 다른 적들과 차별화된 방식으로 역할을 하게 해야 한다는 점이었다. 존슨은 "오디오와 비주얼을 다양하게 만드는 게 중요했습니다. 그런 방식이 작업에도 도움이 됐어요. 레이어를 결합해 게임 플레이 방식을 다양하게 만들어 더 깊이 있는 게임 경험을 가능하게 했죠. 플레이어가 더 오래 전투를 수행하면서 기술을 잘 익힐 수 있게 한 겁니다"라고 말한다.

단연 눈에 띄는 두 명의 적(빅터 룩우드와 란록) 외에도 플레이어는 여러 괴물들, 주문 시전자들과 다채로운 방식으로 오싹한 만남을 갖게 된다. 존슨은 "저는 다양한 어둠의 마녀, 마법사들을 무척 좋아해요. 마법 세계에서 상대의 주문을 방어하고, 내 주문으로 반격하고, 그로 인해 유발되는 온갖 효과와 반응을 보는 게 정말 재미있거든요. 한 번에 적 여럿을 해치우면 엄청 뿌듯하죠. 물론 벅찬 상대와 맞붙을 때도 있습니다. 팬으로서의 환상을 게임 속에서 충족하게 되어 정말 기뻤습니다"라고 말한다.

옆 페이지: 라이언 우드가 작업한 란록

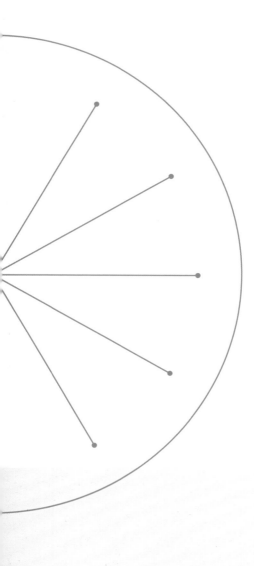

빅터 룩우드

룩우드 일당을 이끄는 잔인하고 교활한 어둠의 마법사. 아버지가 불시에 (미심쩍은 방식
으로) 사망한 후 스물두 살이라는 젊은 나이에 아버지의 범죄 조직을 물려받아 장악했다.
필요에 따라 위법과 탈법을 일삼는 환경에서 자라난 덕에 사업을 빠르게 키워 그 지역에
서 제일 잘나가는 조직으로 만들었다. 그 결과 그 지역의 도둑들과 밀렵꾼들도 빅터를 주
목하기 시작했고, 점점 더 효율적으로 움직이는 그의 조직과 연계하는 게 자기네에게도
이익이 된다는 것을 알아챘다.

더러운 짓거리도 서슴지 않는 빅터는 새로운 제휴 관계를 이용해 수익성 좋은 부정한
돈벌이 수단을 손에 넣으며 사업 기반을 넓혀나갔다. 유럽에서 제일 악명 높은 암흑가의
두목이 되려는 목표를 가진 그는 부하들을 시켜 호그스미드를 비롯한 주변 마을의 주민
들을 갈취해 돈궤를 채운다. 여행자들에게 바가지를 씌우고, 진귀한 마법 동물들을 밀수
입해 제일 비싼 값을 부른 이에게 팔아넘기고, 호그스미드 마을의 상점 주인들에게 보호
비를 뜯는 짓 등이다. 마법 정부는 어째서인지 빅터 룩우드에게 별다른 제재를 가하지 않
는다. 룩우드라는 성이 마법 세계에서 갖는 무게감 때문일 수도 있고 빅터 룩우드가 그만
큼 법망을 잘 빠져나가기 때문일 수도 있다.

빅터는 약간 너저분한 외모지만 호화롭고 비싸 보이는 옷을 즐겨 입는다. 타일러 리버
트는 "우린 빅터를 위협적이고 날카로운 눈빛에 거칠면서도 잘생긴 얼굴로 만들고 싶었
습니다. 그의 얼굴은 직선과 날카로운 대칭으로 이루어져 있죠. 그는 그 시대에 유행하
던 옷차림을 하고 있는데 머리에 쓴 실크 모자부터 신발에 이르기까지 자신 있게 차려입
은 모습입니다"라고 설명한다. 빅터는 포식 동물 같은 움직임, 비웃음 걸린 입술, 걸걸한
목소리를 갖고 있으며 의심이 많은 악당이다.

룩우드를 따르는 어둠의 마법사와 밀렵꾼 패거리

빅터 룩우드가 이끄는 어둠의 마법사와 마녀들로 구성된 범죄 조직(도둑들, '애쉬와인더'로 알려진 강탈자들, 그리고 잔혹한 밀렵꾼 패거리)이 고지에 들끓고 있다. 이들은 저마다 특별한 능력을 지녔는데, 도둑들은 동료들을 투명하게 만들 수 있고, 밀렵꾼들은 애니마구스 동물 형상인 늑대로 변신할 수 있으며, 강탈자들은 인페리우스들을 전투에 소환할 수 있다.

테오필루스 할로우: 룩우드의 오른팔. 살인을 일삼으며 꼼꼼한 성격이다. 남을 괴롭히면서도 절대 사과하지 않고 잔인한 짓을 일삼는다. 오만하고 남을 우습게 본다. 아이들을 대할 때도 동정심이라곤 눈곱만큼도 없다.

액클리 반스: 룩우드 패거리 중에서도 특히 눈에 띄는 자다. 똑똑하고 관찰력이 좋은 편인데, 누가 자기 평판을 훼손하려 하면 복수심에 불타오른다.

실바누스 셸윈: 애쉬와인더의 일원으로 룩우드의 부관 노릇을 한다. 두뇌 회전이 빠르고 유행에 민감한 편이라 고급스러운 물건이라면 환장하며, 극적인 장면 연출을 잘한다.

그웬돌린 저우: 대단한 도둑이자 강하고 유능하며 존경받는 마녀. 예전에 마법 정부에서 일한 적이 있다. 룩우드와 계속 함께해도 되는지 한 번씩 고민하지만, 마법 정부에서 일할 때보다 지금이 더 재능을 인정받고 있음을 깨닫는다.

캐트린 하거티: 애쉬와인더의 재능 있는 일원. 캐트린의 남자 형제인 패드릭은 캐트린이 애쉬와인더가 된 걸 알고 상심하고 두려워한다. 그들이 어렸을 때 살았던 작은 마을을 공포로 몰아넣은 한밤중의 도둑이 캐트린일지 모른다고 의심한다.

이오나 모건과 템페스트 쏜: 둘 다 룩우드가 거느린 밀렵꾼 패거리의 일원으로 몹시 잔인한 자들이다. 마법 동물을 상품으로만 보며, 영업을 방해하는 자는 누구든 주저 없이 쓰러뜨린다.

옆 페이지: 제이슨 본이 작업한 어둠의 마녀 캐트린 하거티, 세바스티엔 가예고가 작업한 어둠의 마법사 던스탄 트리니티

위: 버네사 파머가 작업한 룩우드의 은신처

왼쪽: 대니 러슨이 작업한 어둠의 마녀 템페스트 쏜

오른쪽: 세바스티엔 가예고와 BOSI가 작업한 밀렵꾼 패거리의 어둠의 마법사

고블린들

세바스티엔 가예고는 "고블린들은 작업하기가 참 까다로웠습니다! 얼굴과 체형은 기존 자료를 토대로 하면 되지만 옷과 갑옷을 어떻게 표현할지가 문제였죠"라고 회상한다. 다른 캐릭터들에 비해 몸집이 작아 위협적으로 표현하기가 쉽지 않았다. 아발란체 팀은 '지나치게 판타지 같은' 느낌이 들지 않으면서도 무시무시한 갑옷과 무기를 디자인하는 데 많은 시간을 쏟았다.

그는 "죄다 던전 앤 드래곤 게임 스타일로 해버리면 어려울 게 없겠죠. 뾰족한 못, 해골, 선명한 윤곽으로 표현하면 되니까요. 하지만 우리 게임의 마법 세계는 결이 다릅니다. 세련되면서도 역사적으로 정확하게 표현되어야 하죠. 게다가 고대 마법이라는 요소도 가미해야 하고요. 그야말로 디자인으로 전쟁을 치렀다고 보시면 됩니다. 괜한 말이 아닙니다! 힘들었지만 결과물이 만족스럽게 나와서 기분이 좋습니다"라고 말한다.

옆 페이지 위에서부터 아래로: 캐릭터팀이 작업한 그린고츠 마법사 은행 경비원, 벨그루프, 로드곡, 추종자 전사, 고블린 은행원 (3D 렌더링)

바로 위: 세바스티엔 가예고가 작업한 추종자 보초병

로드곡

은퇴한 고블린 금속 상인. 스리 브룸스틱스 술집 주인 시로나 라이언과 친한 사이다. 란록과는 미묘한 관계다. 한때는 란록과 가까웠고 란록을 따르기도 했었다. 하지만 기꺼이 지식을 나눠준 마녀와 우정을 쌓으면서 마법사 사회에 우호적인 입장이 된다. 반란을 계획하는 란록을 말리고 싶어 한다. 생각이 깊고 친절한 고블린인데, 란록과의 관계에서 특히 더 그렇다. 로드곡은 인간들에게도 다정하다. 인간이든 고블린이든 상대에게서 제일 좋은 모습을 보려고 한다. 언젠가는 마법사들과 고블린들이 평화롭게 살 수 있으리라 믿으며, 현 상황을 이해하고 해결책을 찾고 싶어 한다.

란록

고블린 반란 세력의 대장. 영리하고 교활하며 잔인하고 폭력적이고 기회주의적이다. 마법사 사회를 전복시키려면 권력이 필요하기에 빅터 룩우드와 불편한 동맹 관계를 맺고 있다. 마법사들을 타도하는 일에 동참시키기 위해, 추종자로 알려진 지역 고블린들에게 영향력을 행사한다. 마법사들에 대한 경멸을 숨기지 않으며 권력을 쟁취하기 위해서라면 무슨 짓이든 한다.

맨 위: 라이언 우드가 작업한 로드곡

바로 위: 캐릭터팀이 작업한 고블린 갑옷(3D 렌더링), 고블린 어깨 방어구(3D 렌더링)

왼쪽: 캐릭터팀이 작업한 란록 스컬프트

가너프

나긋나긋한 목소리를 가진 젊은 고블린. 대대로 그린고츠 마법사 은행에서 일해온 가족의 전통을 포기하고 적극적인 삶을 살아가고 있다. 고블린치고는 몸집이 작고 소심한 편이지만 도덕적으로 옳은 일을 하기 위해 과감하게 규칙을 위반할 줄도 안다. 마법 동물의 권리 향상에 힘을 쏟고 있는데, 마법 동물이 고블린만큼이나 부당한 대우를 받으며 살고 있다고 믿기 때문이다. 그는 문카프가 깊이 있는 내면을 가졌다고 보고 있으며, 그런 이유로 문카프들을 특별히 아낀다.

맨 위: 대니 러슨이 작업한 타락한 고블린 디자인 연구

바로 위 왼쪽과 오른쪽: 라이언 우드가 작업한 란록과 타락한 고블린

플레이어의 선택 —·✕·—

게임의 주인공인 플레이어는 이런저런 선택을 하게 된다. 책에서 해리 포터는 자신의 선택이 중요하다는 것을 잘 알고 있다. 아발란체 팀은 플레이어들도 같은 기분을 느끼길 바랐다. 게이머는 누구나 자기 운명의 주인이 되고 싶어 하는데, 자신이 내린 결정이 게임에 영향을 미치는 걸 보면서 운명의 주인이 되었음을 실감하게 된다.

플레이어의 첫 번째 선택은 플레이하고 싶은 마녀나 마법사의 모습을 제일 잘 표현한 아바타를 생성하는 것이다. 플레이어는 기본 교복을 입은 상태로 게임을 시작하지만, 게임을 해나가면서 새 옷을 사거나 발견한다.

개발자들은 플레이어가 자기 정체성을 표출하면서 게임과 더 밀접하게 연결되도록 했다. 호그와트 레거시는 플레이어가 단순히 외적 정체성을 표출하게 하는 데서 그치지 않는다. 교수들, 동료 학생들, 근처 주민들은 플레이어와 대화하면서 플레이어의 대답에 따라 다양한 선택지를 제시한다. 플레이어가 NPC를 존중하거나 혹은 무례한 대답을 하며 적극적인 반응을 하도록 유도하는 것이다. NPC가 플레이어에게 아이템을 돌려달라고 요구했는데 플레이어가 거절하고 자기가 가지면, 그 NPC와 사이가 멀어지면서 향후 또 다른 상호 작용으로 이어지게 된다.

호그와트 마법학교에서 플레이어는 여러 가지 주문을 배워 전투 때 다양한 조합으로 사용한다. 트롤에게 대미지를 입히거나, 어둠의 마법사들을 통제 주문으로 조종하거나 은신해서 전투 자체를 회피할 수도 있다. 플레이어는 수십 가지 주문 중에서 본인 스타일에 제일 잘 맞는 주문들을 조합해 쓰면 된다.

또한 플레이어는 선택에 따라 어둠의 마법도 살짝 맛볼 수 있다. 어둠의 마법 관련 스토리라인을 따라갈 경우, 용서받지 못하는 저주들을 포함해 어둠의 주문 몇 가지를 배우게 된다. 이런 주문들은 어둠의 마법 재능 트리에서 업데이트할 수 있다. 트로이 존슨은 "플레이어는 이런 주문들의 주요 효과를 이용하고 재능을 선택하며 자기만의 전투 스타일을 개발할 수 있습니다. 저주받은 적들에게서 생명력을 빨아들이거나, 여럿에게 두루 대미지를 입히는 식으로 어둠의 마법을 사용해 부가적인 힘과 효과를 얻는 것이죠"라고 설명한다.

LEVEL

14

Gregory Smarmy

1578

HEALTH   DEFENSE   OFFENSE
449   107   78

WAND

GLOVES

FACE

HEADWEAR

NECKWEAR

ROBE & CLOAK

OUTFIT

FLYING MOUNT

BROOM

✕ EQUIP   ◯ BACK

옆 페이지 아래: 버네사 파머가 작업한 기숙사별 문장 배지

위: UI(사용자 인터페이스)팀이 작업한 UI 디자인 연구

오른쪽: 존 디에스타와 BOSI가 작업한 어둠의 마법사 복장

시네마틱 :
이야기에 생기를 불어넣기

시네마틱 혹은 컷신은 게임 플레이 중간에 들어가는 비상호작용적인 사전 렌더링 영상을 말한다. 시네마틱 감독 겸 관리자 네이선 헨드릭슨은 "시네마틱의 목적은 캐릭터와 이야기 구축에 필요한 중요 정보를 전달하고, 향후 게임의 맥락을 설정하는 데 있습니다. 시네마틱이 이야기 전달에 별로 도움이 안 되거나 플레이어가 직접 알아내는 게 더 나은 경우에는 플레이어가 알아서 제어하도록 합니다"라고 설명한다. 여러 이유로 게임 플레이에 필요한 조건이 갖춰지지 못할 때가 있는데, 헨드릭슨은 "이럴 때 시네마틱이 빈틈을 메우는 역할을 합니다"라고 말한다.

시네마틱 제작은 스토리와 스크립트 개발부터 시작해 오랜 시간이 소요되는 작업이다. 이야기가 정해지면 스토리보드 아티스트가 패널에 손으로 직접 그려 스크립트를 표현한다. 모든 패널이 승인되면 스토리보드를 2D 애니매틱으로 제작한다. 2D 애니매틱은 손으로 그린 패널을 움직이는 애니메이션으로 만들고 목소리를 입힌 것이다. 헨드릭슨은 "이 과정을 통해 이야기의 적합성을 확인하고 실제 실행 시간을 정할 수 있습니다"라고 설명한다. 또한, 해당 팀은 3D 렌더링으로 시네마틱 작업을 하기 전에 비용 효율성을 따져 변화를 줄 수도 있다.

특정한 3D 툴을 사용하면 컷신을 3D로 미리 시각화할 수 있다. 선호하는 앵글을 잡기 위해 장면에 카메라를 추가하고 게임 모델로 캐릭터의 위치도 잡아보는 것이다. 이런 과정을 거치면 "실제 컷신을 보다 유연하고 멋지게 시각화할 수 있죠"라고 헨드릭슨은 설명한다.

3D 사전 시각화가 승인되면 재능 있는 배우들한테서 따온 정확한 몸동작, 얼굴 반응, 목소리가 입혀진다. 헨드릭슨은 "배우들이 연기하는 동안 얼굴 표정, 몸의 움직임, 분노에 찬 으르렁거림 같은 요소들을 전부 캡처해서 게임에 반영합니다. 그리고 애니메이션을 다듬고, 효과를 넣고, 장면에 조명을 반영하고, 음향 부서가 효과음 녹음과 음악을 추가하죠. 멋진 시네마틱을 만들려면 말 그대로 회사의 모든 부서가 동원되어야 합니다"라고 말한다.

아발란체 팀은 해리 포터 프랜차이즈에서 많은 영감을 받았다. 특히 데이비드 예이츠 감독이 작업한 시리즈 후반 영화들의 대담하고 사실적인 촬영기법에 깊은 인상을 받았다. 헨드릭슨은 "우리의 목표는 그런 영감을 따라가면서도 우리가 설정한 시대인 1800년대 말에 어울리도록 콘텐츠를 조정하는 것이었어요. 지나치게 복잡하고 현란한 카메라 움직임을 배제하고 좀 더 극적인 분위기를 유지하려 했습니다. 해리 포터 세계관에서는 배경과 배우들이 많은 것을 알려주지만 우리는 다르게 가고 싶었어요. 하지만 촬영이 시작된 후에는 좀 더 역동적인 카메라 움직임을 추가했죠. 카메라가 마치 우주에 무수히 존재하는 독특한 주문들 중 일부인 것처럼, 물 흐르듯 자유롭게 촬영하도록 했습니다"라고 설명한다.

아발란체 팀은 게임의 시네마틱 장면들을 개발하면서 다양한 문제에 봉착했다. 제작 기간이 길어지면서 제일 어려웠던 점은 게임의 끝없는 변화였다. 헨드릭슨은 "게임 플레이 자체가 제일 중요합니다. 다만 게임을 멋지게 만든 요소 때문에 시네마틱 재작업이

어려워지거나 우리 마음에 쏙 들었던 완성된 시네마틱을 삭제해야 할 때도 있어요"라고 말한다. 예상 못 한 일은 아니지만, 시네마틱 작업마다 열정을 쏟아붓기 때문에 어떤 장면을 삭제하거나 변경할 때는 스튜디오 전체에 상실감이 퍼져나간다. 헨드릭슨은 "신중하게 고민한 끝에 결정이 내려지는 것이고, 더 매력적인 게임 플레이를 창조하기 위한 일이니 어쩔 수 없죠"라고 덧붙인다.

플레이어가 캐릭터를 완전히 맞춤 제작할 수 있는 게임은 컷신을 제작할 때 어려움이 따를 수밖에 없다. 헨드릭슨은 "우리는 플레이어가 언제든 차려입을 수 있는 모든 환상적인 코스튬에 맞춰 시네마틱 콘텐츠를 만드는 방법을 연구해야 했습니다"라고 말한다. 사전 렌더링 콘텐츠에 비해 스카프, 로브, 모자의 종류가 엄청 다양한 만큼 카메라 구성과 조명 장치 관련해서 생각해야 할 부분이 많았다. 설정에 따라 각 시네마틱에 등장하는 플레이어의 모습도 놀라울 수 있다. 헨드릭슨은 "진지한 시네마틱을 보고 있는데 플레이어가 머리에 호박을 얹은 채로 걸어 들어오는 겁니다. 최고로 멋진 모습은 아니었지만 그 장면에서 웃음이 나더라고요"라고 회상한다.

CHAPTER 3

장소

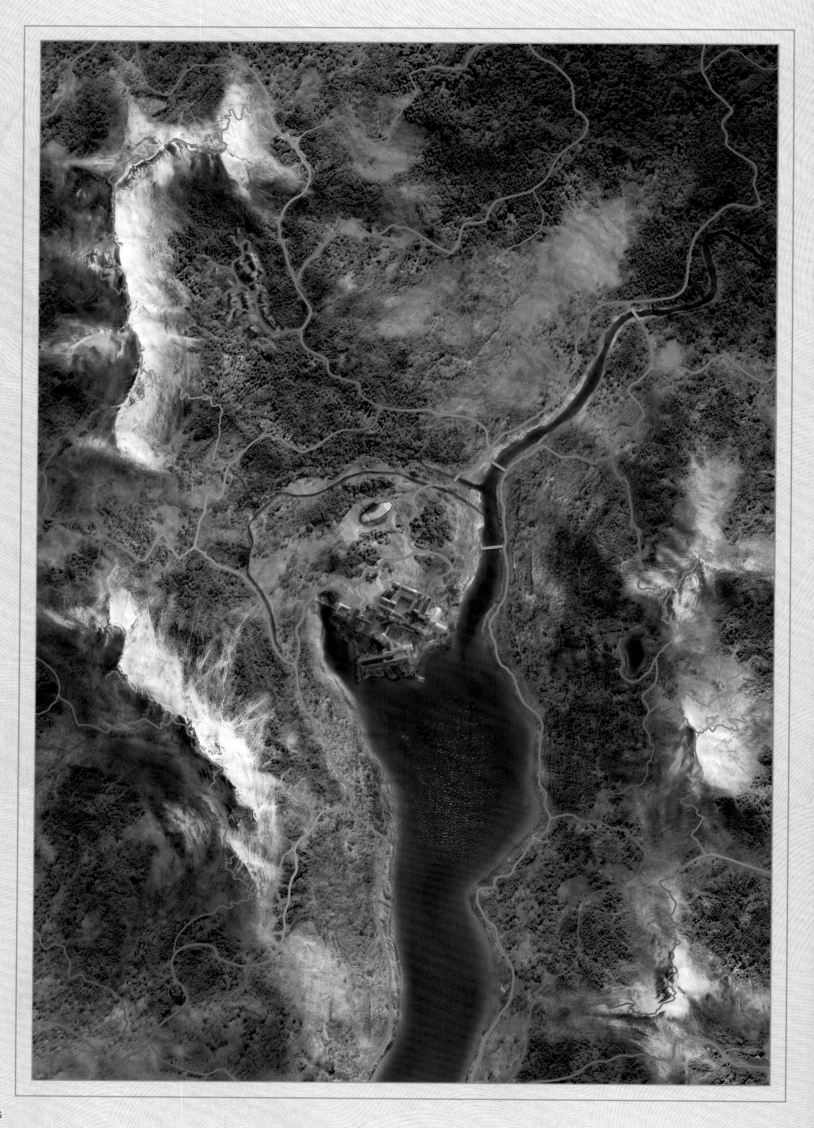

호그와트 마법학교는 호그와트 레거시 게임의 지도 한가운데에 위치할 뿐 아니라, 말 그대로 마법 세계의 중심이다. 플레이어는 기숙사, 교실, 대연회장 같은 익숙한 장소들을 돌아다니게 된다. 호그스미드 마을의 상점들, 부엉이장, 호그와트 성 옆에 있는 반짝이는 호수는 모두 안전하고 잘 알려져 있으며 플레이어가 자주 찾는 장소들이다. 호그와트 성에서 멀리 갈수록 위험한 상황에 놓일 가능성이 커진다. 금지된 숲, 강도들이 득실거리는 작은 마을들, 험준한 바위 언덕과 산맥, 늪지대가 있는 고지 같은 곳 말이다.

호그와트 레거시의 주요 장소와 환경을 제작한 일에 대해 지하 시설 디자인 수석 앤드류 헤이스는 "꽤 힘든 작업이었습니다. 책과 영화에 나온 장소들을 많이 넣고 싶었지만, 그렇게 하면 우리 이야기보다 훨씬 나중에 일어나는 사건들을 침해할 수도 있었어요. 가령, 후려치는 버드나무는 우리 게임의 시대에는 없었습니다. 다만 해리 포터도 몰랐던 숨겨진 방과 비밀 통로는 더 있었겠죠. 우리는 그 전제를 바탕으로 이 게임의 세계를 만들어 나갔습니다"라고 설명한다. 디자이너들은 자신에게 이런 질문을 계속 던졌다. "책에도 언급돼 있으면서 1800년대 말에도 존재했을 만한 게 뭐가 있을까? 그걸 찾아 사용할 수 없다면, 지나치게 겹치지 않으면서 비슷한 걸 추가해도 될까?"

헤이스는 "팬들의 기대가 높았고, 사람들은 책에 나온 어떤 것들에 대해서는 게임에서도 볼 거라고 예상하기도 했습니다. 우리가 호그와트 마법학교와 마법 세계에 추가한 항목들 중 상당수는 해리 포터의 시대에 똑같이 존재하지 않을 수도 있지만, 플레이어에게 비슷한 경험을 제공할 수는 있을 겁니다"라고 덧붙인다.

이 게임은 해리와 해리가 사랑한 친구들, 교수들이 존재하기 한참 전인 1800년대 말을 배경으로 한다. 제목만 봐도 알 수 있듯이 이 게임의 제일 중요한 캐릭터 중 하나는 바로 호그와트 성이다. 아트 디렉터 제프 벙커는 "호그와트 성은 단순한 장소 이상의 의미가 있어요. 주문과 경이로움이 흘러넘치고 구석구석에 놀라운 미스터리와 마법이 존재하는 생생한 공간이어야 했죠. 해리 포터 시리즈의 광팬이기도 한 우리 배경팀 아티스트들은 이 작업을 하면서 호그와트에 대한 지식과 열정을 마음껏 드러낼 수 있었습니다"라고 설명한다.

84–85페이지: 버네사 파머가 작업한 고지 풍경

옆 페이지: 나산 하드캐슬이 작업한 세계 지도

아래: 버네사 파머가 작업한 수렁

벙커는 팀에게 비전을 제시하면서 기준 몇 가지를 추가
했다. 호그와트 성과 그 주변에 있는 호그스미드 마을이 스
코틀랜드 고지에 있다는 설정인 것과 관련해 그는 "흐릿하
고 축축하며 쌀쌀한 느낌이어야 했습니다. 영화에서처럼 어
둑한 단색으로 표현해야 했죠"라고 설명한다. 그는 기준을
하나 더 추가했는데 "플레이어들이 대단한 미스터리를 풀
어야 하지만 영국의 마법 기숙학교를 다니는 학생 신분임
을 계속 상기해야 한다는 것"이었다. 벙커는 "마법 세계에
서 마법은 현실이고 실제로 어디에나 존재합니다. 따라서
우리는 마법을 어디든 깃들어 있는 아름답고 우아하며 재
미있고 갑작스러운 요소로 만들어야 했어요"라고 설명한다.

모이라 스콰이어는 "우리는 플레이어가 지팡이를 꺼내
들고 호그와트 성과 자주 상호 작용을 하길 바랐어요. 마법
사라면 당연히 그렇게 해야 하니까요!"라고 말한다. 하지만
아발란체 팀은 게임 안에서 전투가 많이 이루어지는 만큼
학생들이 마구 쏟아내는 마법으로부터 호그와트 성을 보호
해야 했다. 그러려면 호그와트가 파괴적인 주문에 취약하지
않아야 했다. 보스턴 매드슨은 "학교 바깥 세계의 대부분은
파괴적인 주문에 반응하지만, 호그와트 성은 그런 주문에
반응하지 않도록 보호가 되어있습니다. 물론 공격당한 부
분이 잠깐 지저분해지기는 하지만요. 우리는 단순히 부수
고 터뜨리는 것보다는 플레이어의 적극적인 게임 플레이,
퍼즐, 상호 작용에 대해 깊이 고민했습니다"라고 설명한다.

호그와트와 그 주변의 다양한 배경들을 생생하게 살려
낸 기술이야말로 진정한 마법임을 잊어서는 안 된다. 코딩
을 하고 필요한 기술을 찾아낸 사람들이 바로 진짜 마법
사다. 매드슨은 "저는 모서리가 잔뜩 접힌 수첩과 해리 포
터 책을 가지고 회의실로 들어가거나 줌콜을 이용해 똑똑
한 사람들과 화상회의를 하면서 제가 원하는 이미지를 설
명했습니다. 그러면 누군가는 그런 마법을 가능하게 하는
방법을 이미 안다고 대답하고, 누군가는 그 작업에 필요한
코딩을 잘 안다고 대답하곤 했죠. 우리 팀이 할 수 있는 마
법은 무한한데 예산과 메모리 장치의 용량은 유한해서, 어
쩔 수 없이 늘 힘든 결정을 내려야 했습니다. 물론 플레이
어가 이 게임에서 누려야 할 마법적 경험은 항상 염두에 두
고 있었죠"라고 말한다.

위: 버네사 파머가 작업한 툰드라
에서의 만남

오른쪽: 세바스티엔 가예고가 작업
한 초기 세계 지도

옆 페이지 아래: 조슈아 H 블랙이
작업한 호그와트 성

배경팀이 작업한 어두운 숲. 반도(인게임 렌더링)

배경팀이 작업한 일출의 빛. 아이언데일 마을(인게임 랜더링)

호그와트

호그와트 마법학교는 네 명의 위대한 마녀와 마법사가 젊은 마녀와 마법사들에게 마법 지식을 전수하기 위해 설립한 시설이다. 1800년대에 이미 최소한 9백 년은 된 학교이며, 다른 마법학교들의 기준이다. 호그와트에는 상징적인 공간들, 만나야 할 학생들과 교수들, 풀어야 할 미스터리들이 가득하다.

호그와트 레거시 게임에서 큰 역할을 하는 공간인 만큼 아발란체 아트팀은 책과 영화를 참고하며 호그와트 성과 그 일대를 공들여 만들었다. 세바스티엔 가예고는 "수백 년 된 성이니 1800년대 말이 아닌 다른 시대의 영향을 받은 공간들도 있을 것 같아 그런 부분을 디자인하고 싶었습니다. 호그와트 성은 시간을 초월한 곳이지만 세월의 흐름에 따라 조금씩 색깔이 변했을 테니까요"라고 말한다.

고대 마법은 이 게임의 핵심이다. 아티스트들은 고대 마법을 이용해 최초로 지어진 성의 부분이 어디일지 생각해 봤다. 호그와트 성은 수 세기에 걸쳐 세대별로 어떻게 진화했을까. 보스턴 매드슨은 "이 성에서 제일 오래된 곳은 절벽의 뾰족한 바위 끝에 올라앉은 대연회장과 중앙 계단일 겁니다. 호그와트가 '방 하나짜리 건물'이었을 때는 대연회장이 하나뿐인 교실이었겠죠. 현대에도 대연회장은 편리한 다목적실로 쓰이고 있습니다"라고 설명한다.

시간이 흘러 호그와트의 역사가 만들어지면서 학생들이 학교에서 기숙하기 시작했을 테니 네 개의 기숙사 휴게실이 접한 사각형 안뜰이 성에 추가됐을 거라고 콘셉트 아티스트들은 생각했다. 학생들과 교수들이 지낼 공간이 필요했을 테니 말이다. 보스턴 매드슨은 "호그와트에 다니는 학생들의 수가 늘면서 학교에서 가르치는 과목과 수업도 늘어났을 테니 도서관과 장엄한 어둠의 마법 방어법 탑, 천문탑을 포함하는 부속 건물이 추가됐을 겁니다"라고 말한다.

→

옆 페이지: 조슈아 H 블랙이 작업
한 크리스마스 날의 대연회장

위: 배경팀이 작업한 중앙 계단 탑
(인게임 렌더링)

왼쪽: 조슈아 H 블랙이 작업한 대
연회장 문

원래 게임 속 호그와트 성은 현실에 있을 법한 학교의 모습으로 만들어졌다. 매드슨은 "창문이라는 건 외부와 내부가 있죠. 우리는 플레이어가 외부의 창문을 헤아려 내부의 창문과 비교해야만 발견할 수 있는 비밀의 방들을 만들었어요. 잘 보면 휴게실 중 한 곳 근처에 창문이 하나 더 있는 걸 알아챌 수 있습니다"라고 설명한다.

디자이너들은 플레이어가 미로처럼 복잡한 계단과 복도를 돌아다니며 과제를 수행하는 동안 호그와트 성에서 쉽게 길을 찾으며 재미있게 플레이할 수 있도록 심혈을 기울였다. 하지만 이 게임을 시작한 플레이어는 호그와트 마법학교에 처음 와서 교실도 잘 못 찾는 1학년 학생이나 마찬가지다. 호그와트 성을 만든 디자이너들만큼 이 성에 대해 잘 알게 되려면 끈기와 시간이 필요한데 대부분의 플레이어들은 그러기가 힘들다. 매드슨은 "우리는 디자이너로서 3, 4년 동안 호그와트 성에서 살다시피 했습니다. 그러니 이 성에 대해 잘 알 수밖에 없죠. 몇 번이나 돌을 새로 만들었기 때문에 돌 하나하나까지 다 알고 있습니다"라고 말한다.

이동 경로를 단순하게 만들 필요가 있었다. 매드슨은 "은신 게임 플레이를 할 때는 뒷문과 대체 경로를 사용하는 게 좋다는 의견이 있었는데, 그렇게 할 경우 전반적인 배치가 단순하고 직관적이 되어 이해하기 쉬워집니다. 필요한 조치를 취했더니 플레이어는 1학년 학생 같은 기분을 덜 느끼게 됐고, 오래지 않아 호그와트 성에 대해 꽤 잘 알게 됐어요. 자랑스러울 만합니다!"라고 말한다.

플레이어는 필요에 따라 성 안을 빠르게 돌아다닐 수 있어야 하는데, 그럴 땐 빠른 이동 체계를 이용하면 된다. 우리는 그 체계를 어떻게 만들 것이냐를 놓고 다양한 아이디어를 내보았다. 플레이어가 찾아내 사용할 수 있는 두꺼비 동상 네트워크도 그중 하나다. 두꺼비 동상은 플레이어를 꿀꺽 삼켰다가 새로운 장소, 새로운 두꺼비 조각상 앞에 뱉어놓는다.

아발란체 팀은 플루 네트워크를 통한 이동이 최선이라고 결론 내렸다. 퀘스트 디자인 수석 켈리 머피는 "책과 영화에서 마녀와 마법사는 플루 가루를 이용해 이 벽난로에서 저 벽난로로 빠르게 이동합니다. 우리는 이걸 약간 변형해서 플레이어가 플루 가루를 발명한 이그나샤 와일드스미스에게 고개 숙여 인사하는 것으로 했습니다"

라고 설명한다.

게임 서사의 흐름에 맞춰 플루 불꽃 체계에 따라 빠른 이동을 할 경우, 플레이어는 플루 불꽃 굴뚝을 찾아내서 다른 플루 불꽃 지점으로 이동해야 했다. 머피는 "이는 플레이어 친화성이나 기존 해리 포터 이야기보다 연출적인 면을 우선시하는 방식입니다. 그래서 우리는 지도에 플루 불꽃 아이콘으로 표시되는 지점이면 어디든 곧장 갈 수 있는 빠른 이동 방식을 택했습니다"라고 설명한다. 하지만 이런 방식이 너무 혼란스럽다는 피드백이 들어왔다. "우리는 디자인을 다시 해서 지금 같은 방식으로 개선했습니다. 플루 불꽃을 사용하되 해리 포터 기존 이야기와는 달리 벽난로가 아니라 이그나샤 와일드스미스의 명판에 연결시켰습니다" 플레이어는 마법 세계에서 이그나샤 와일드스미스의 명판들을 발견해 빠른 이동 포인트로 삼을 수 있다. 활성화된 플루 불꽃 지점에는 불이 들어오게 된다. 플레이어가 발견한 플루 불꽃 포인트는 지도상에서 빠른 이동을 할 때도 이용할 수 있다.

호그와트 성을 방문한 사람은 굳이 멀리까지 가지 않아도 이 마법의 성에서 온갖 특별한 경험을 할 수 있다. 마법 세계에서 가장 독특한 환경을 가진 성이기 때문에 유령, 부엉이, 날아다니는 책을 비롯해 실내에 서식하는 다양한 '야생 생명체들'을 만나볼 수 있다. 오래된 성이지만 아주 더럽거나 바스러져 내리는 곳은 없다. 편안하고 길이 잘 들여진 공간이다. 지팡이를 한 번 휘두르면 어디든 간단히 고치고 청소할 수 있어서 수리와 청소를 중요시하지 않을 수는 있다. 학생들과 일부 교수들은 약간 엉성한 면이 있다. 돌무더기라든지 쓰레기, 심하게 망가진 물건들은 부지런한 집요정들이 바로 치워버리지만, 세월의 흐름에 따라 낡고 닳은 부분들은 그냥 넘기기도 하고 정말 필요해질 때까지 고치지 않고 내버려 두기도 한다.

매드슨은 "우리는 뼛속까지 게임 제작자입니다. 호그와트 성을 섬세하게 수직으로 디자인한 후 흥미로운 게임 플레이를 위해 필요한 요소를 추가했어요. 길고 평평한 길을 이리저리 쪼개놓고 저 멀리까지 텅 비어 보이는 부분이 없도록 했죠. 플레이어가 몇 초 동안이라도 직선으로 쭉 달리게 하고 싶지 않았어요. 조금 가다 보면 모퉁이를 돌아가거나 계단을 맞닥뜨리게 해놓았죠"라고 설명한다.

옆 페이지: BOSI가 작업한 트로피 보관실

위: 나산 하드캐슬이 작업한 궁수자리 그림

교실

호그와트 성의 전체 디자인 배치를 보면 교실 용도로 특별히 할당한 동이 있다. 매드슨은 "워낙 거대한 성이라서 이렇게 교실들을 한 동에 모아둬야 학생들이 이 수업에서 저 수업으로 좀 더 편하게 이동할 수 있어요"라고 말한다. 처음에 개발자들은 교실들을 스케치하면서 각 교실의 위치는 물론이고 빗자루 보관장, 가는 길에 있는 특징적인 부분 하나하나까지 책에 나온 그대로 작업하려 애썼다. 매드슨은 "하지만 결국 우리는 호그와트 성이 지각력 있는 존재라서 매년 위치를 바꾸는 걸 좋아한다는 점을 받아들여야 했어요. 이 게임의 시대와 해리 포터의 시대는 100년 차이가 나기 때문에 그 시간 동안 호그와트 성의 내부가 이리저리 움직이고 바뀌었을 수 있는 거죠"라고 설명한다. 우리는 해리 포터 책의 내용을 바탕으로 하되 게임 플레이 방식과 가용성을 따져 교실들을 배치했다.

호그와트 레거시의 교실들은 새로우면서도 익숙한 분위기다. 선임 프로듀서 브라이언 그린은 "모든 이야기의 시작은 책이지만 우리 작업에 지대한 영향을 미친 것은 영화였습니다"라고 털어놓는다. 영화에는 지하실 같은 분위기를 풍기는 마법약 교실의 건축양식이 잘 나타나 있다. 매드슨은 "마법약 교실의 위치는 영화에 나온 장면대로 했어요"라고 말한다.

마법약 교실의 거친 돌벽에 붙어있는 금박, 그 금박에 적힌 라틴어로 된 주기율표 원소들도 영화의 영향을 받은 것이다. 매드슨은 "연기가 크게 굽이치는 듯한 교실 모양

은 영화에 나온 해리의 마법약 책 그래픽 디자인을 보고 영감을 받아 만든 것입니다. 우리는 마법약 교실에 들어간 플레이어가 그 교실 특유의 냄새까지 느낄 수 있게 하고 싶었어요"라고 설명한다.

그린은 "다행히 소리와 조명, 대화가 마법처럼 예술과 결합이 잘 됐어요"라고 말한다. 어둠의 마법 방어법 교실의 중앙부 장식은 영화에서 인상적으로 표현된 바 있다. 큼직한 창문 여러 개와 곡선형의 지붕들이 있는 이 교실에서 제일 눈에 띄는 것은 서까래에 설치된 날개 달린 거대한 용의 뼈다. 그린은 "헤브리디스 블랙이라는 품종의 용입니다"라고 설명한다. 호그와트 레거시 시대의 어둠의 마법 방어법 교수 디나 헤캣은 1878년 밀렵꾼 대기습 사건 때 그 뼈를 몰수했다고 밝힌다. 어둠의 마법 방어법 교수들은 저마다의 취향과 관심사에 따라 교실을 장식하는데, 디나 헤캣 교수의 교실은 시계들로 꾸며져 있다. 매드슨은 "간단히 말해, 이런저런 삶의 굴곡을 겪으면서 디나 헤캣은 시간과 관련된 물건과 거울에 집착하게 됐습니다. 한때는 거미들로 가득 차있는 무시무시한 지하실을 갖고 있기도 했죠. 디나는 호그와트 레거시에서 가장 인상적인 교수들 중 하나일 겁니다"라고 말한다.

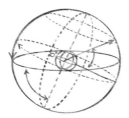 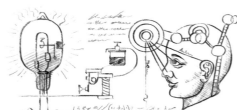 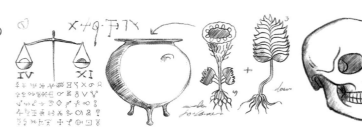

게임을 만들면서 우리는 책과 영화의 설정에서 벗어나도 좋다는 허락을 받았는데, 어쩔 수 없이 벗어나야 할 때도 있었다. 마법 교실은 해리 포터 영화 시리즈 1편의 실제 촬영지인 해로 학교를 참고로 해서 전반적인 아트 방향을 잡았다. 그 결과 수 세대에 걸쳐 학생들의 이름이 낙서처럼 새겨져 있는 진한 웨인스코팅 벽판을 선보일 수 있었다. 매드슨은 "우리는 주제에 충실하려 애쓰면서도 가능한 경우 좋아하는 마법을 추가했어요"라고 말한다. 해리 포터 책 시리즈 제3권 《해리 포터와 아즈카반의 죄수》에 보면 일반 마법을 담당하는 필리우스 플리트윅 교수의 연구실이 서쪽 탑 8층에 있는 것으로 나온다. 책에서는 탈옥했다가 붙잡힌 시리우스 블랙이 플리트윅 교수의 연구실에 감금됐다고 언급돼 있고 영화에서는 어두운 탑 높은 곳에 있는 창살 쳐진 독방에 갇힌 것으로 나온다.

매드슨은 "책과 영화에 표현된 부분을 우리가 어떻게 조화시켰을까요? 일단 우리는 자신에게 이런 질문을 던져봤습니다. '학교 측은 시리우스 블랙을 왜 학교의 일부이며 감방도 엄청 많은 지하 감옥이 아니라 교수 연구실에 가뒀을까?' 호그와트의 긴 역사 속에서 어느 일반 마법 과목 교수가 다양한 마법 동물들을 연구실 위쪽 발코니에 두는 걸 편리하게 여겼을 수도 있겠죠. 그래야 그 마법 동물들을 바로바로 가져다가 상급생들이 실험적인 주문

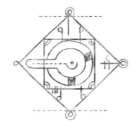

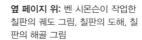

옆 페이지 위: 벤 시몬슨이 작업한 칠판의 궤도 그림, 칠판의 도해, 칠판의 해골 그림

옆 페이지 아래: 배경팀이 작업한 어둠의 마법 방어법 교실(인게임 렌더링)

왼쪽: 벤 시몬슨이 작업한 칠판의 도해 그림, 마법 교실의 패널

아래: BOSI가 작업한 필경사 마법사가 그려진 도서관 태피스트리, 천문학 태피스트리

을 연습할 수 있게 했을 테니까요. 그 결과 그 교수의 연구실, 정확히는 교수 연구실 바로 위에 있는 독방이 나중에 위험한 범죄자를 가둬두기에도 좋은 장소가 되었을 겁니다. 그 앞 발코니는 히포그리프가 내려앉기에 좋은 자리가 됐겠죠"라고 설명한다.

점술 교실 작업을 위해 배경팀은 점술과 관련된 상징과 동물들을 조사하고 피라미드, 눈 모양, 천문학 및 점성술 관련 자료를 활용해 교실 디자인으로 풀어냈다.

배경팀 선임 아티스트 케빈 킬은 "우리는 전통적으로 점치는 것과 관련이 깊다고 알려진 까마귀를 점술 교실 디자인에 활용했어요"라고 말한다. 책에서는 점술 교실에 대해 숨 막힐 정도로 비좁다고 표현했는데, 우리는 여기서 몇 부분을 다르게 했다. 그는 "우리 시대의 점술 교수는 우간다 출신이라서 이 교수의 배경과 성격을 디자인에 반영하기로 했습니다. 교실에 불행한 운명, 죽음을 나타내는 장치들이 있지만 해리 포터가 그의 시대에서 느꼈던 것처럼 숨 막히는 디자인은 아닙니다"라고 설명한다.

왼쪽 위와 아래: 조슈아 H 블랙이 작업한 히포캠퍼스 조각상과 중앙 홀 분수

옆 페이지: 조슈아 H 블랙이 작업한 '잠자는 용을 건드리지 말라' 벽화

Draco dormiens
nunquam titillandus

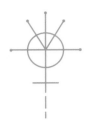

개발자들은 약초학 교실을 영화에서 본 것보다 훨씬 널찍한 공간으로 만들고 싶어 했다. 킬은 "책에서는 온실에 관해 자세히 묘사되어 있지 않습니다. 우리는 마법 식물들을 재배하고 연구하는 공간을 어떻게 디자인하면 좋을지 생각해 봤어요. 온실 내의 각 공간에 나름의 정체성을 부여하되 유기농 재배 식물과 일반 재배 식물을 섞어서 배치해 봤는데 그것만으로도 멋진 경험이었어요"라고 설명한다. 개발자들은 지하 식물과 수중 식물을 연구하기 위한 공간을 비롯해 다양한 생태계를 구축했다.

하지만 온실이 워낙 넓다 보니 마법 세계에 적합한 마법 식물들로 채우기가 쉽지 않았다. 매드슨은 "마법 세계에 잘 어울리는 마법 식물이냐, 다른 마법 세계 프랜차이즈에서 본 듯한 느낌이 드는 큼직하고 화려한 식물이냐는 그야말로 종이 한 장 차이였어요. 해리 포터 기존 이야기에 다양한 마법약 재료와 마법 식물들이 나오긴 하지만, 그 모습을 구현하다 보면 다양한 토끼굴에 빠져 헤매기 일쑤였죠. 멋진 특수 효과나 상호 작용 툴을 쓰려고 예산을 초과할 때도 많았어요"라고 털어놓는다.

위: 나산 하드캐슬이 작업한 온실

옆 페이지: 나산 하드캐슬이 작업한 지붕 모양으로 우거진 버섯들, 거대한 호리병박

왼쪽: 나산 하드캐슬이 작업한 비행 자두

약초학 관련 시설을 디자인하면서 호그와트에만 있는 독특한 식물의 위험 요소들을 반영하기로 했다. 플레이어가 거대한 약초학 동에 들어가 악마의 덫, 독손가락(베네무스 텐타큘라), 맨드레이크 같은 식물들을 보면서 재미있는 경험을 할 수 있도록 한 것이다. 브라이언 그린은 "약초학을 담당하는 미라벨 갈릭 교수는 무척 따뜻한 사람이지만, 플레이어는 그 교수의 수업을 받으면서 큼직하고 무시무시한 독손가락을 보게 됩니다. 갈릭 교수는 독손가락에게 태연히 당근을 먹이로 주면서 전혀 걱정하질 않죠"라고 말한다.

변환 마법 교실 입구 양옆에는 변환 마법의 경이로움을 표현한 장식들이 붙어있다. 변환 마법 교실은 나비와 개구리 같은, 자연 속에서 외형을 바꾸는 동물들을 주제로 삼아 디자인했다. 교실 창문, 그리고 교실 바깥에 있는 변환 마법 수업 안뜰의 아치도 정교한 나비 모양으로 만들었다. 개발자들은 이 안뜰의 위치가 변환 마법 수업이 이루어지는 교실 바로 옆이라서, '변환 마법 수업 안뜰'이라고 평범하게 이름을 붙였는데, 1995년에 그 안뜰에서 오래 기억할 만한 일이 벌어지게 된다. 매드슨은 "흰족제비로 변신한 드레이코 말포이가 이 안뜰에서 이리저리 튀어 올라 모두를 즐겁게 해주죠"라고 말한다.

옆 페이지: 조슈아 H 블랙이 작업한 변환 마법 교실

바로 위와 오른쪽: 벤 시몬슨이 작업한 칠판의 도해

참 특이한 수업

책에서는 간단히 혹은 자세히 묘사되지만 영화에는 나오지 않는 교실들의 경우, 디자이너들은 백지 상태에서 작업을 시작해야 했다. 마법의 역사 수업은 호그와트 마법학교에서 제일 흥미로운 수업 중 하나가 될 수도 있었다. 보스턴 매드슨은 "시대에 따라 다른 교수들이 가르쳤으면 그랬을 겁니다. 하지만 은퇴 시기를 한참 넘긴 커스버트 빈스 교수가 유령이 되어서까지 수업을 진행하고 있어서 다른 교수가 그 자리를 대신할 일은 없어 보입니다"라고 말한다. 마법의 역사 교실은 영화에 나온 교실의 모습을 참고로 하되, 마법 역사의 중요한 순간들을 담은 멋진 스테인드글라스 창문을 배치했다. 매드슨은 "이 교실은 시간이 갈수록 너저분해지는데, 교수가 유령이라 정리 정돈이 어렵기 때문이죠. 빈스 교수의 교실과 연구실에는 고블린 반란에 관해 학생들이 제출한 숙제들이 잔뜩 쌓여있습니다. 숙제에는 채점도 되어있지 않아요"라고 설명한다.

위: 버네사 파머가 작업한 마법 역사 교실의 장식 무늬

옆 페이지 위: 배경팀이 작업한 마법 역사 교실(인게임 렌더링)

옆 페이지 아래 오른쪽: 버네사 파머와 BOSI가 작업한 스테인드글라스

옆 페이지 아래 왼쪽: 나산 하드캐슬이 작업한 켄타우로스 자리 그림

《해리 포터와 아즈카반의 죄수》에서 리머스 루핀 교수는 해리에게 디멘터와 싸울 때 필요한 패트로누스 마법을 가르치는데 책에서는 그 장소가 마법의 역사 교실이고 영화에서는 무너지다시피 한 천문학 교실이다. 호그와트 레거시 게임에서는 천문학 교실을 원래의 용도로 되돌려 학생들이 밤하늘의 경이로움을 공부하는 장소로 삼았다. 매드슨은 "천문탑은 호그와트 성에서 제일 높은 곳에 있는 교실입니다. 주요 발코니로 나가면 스코틀랜드 지역을 뒤덮은 실안개를 종종 볼 수 있죠"라고 설명한다. 이 교실은 높은 곳에 있어서 학생들은 망원경을 들여다보며 수업받는다. 날씨가 너무 춥거나 흐리면 학생들은 아래층에 있는 다른 교실들에 비해 훨씬 전통적인 방식으로 진행되는 수업을 받게 된다. 점성술과 관련이 있는 만큼, 성의 이쪽 구역은 선명한 파란색과 금색으로 꾸며져 있어서 다른 구역과는 확실히 구별된다.

지금까지 시각화된 적 없는 교실로는 헤르미온느 그레인저가 좋아했던 숫자점 교실이 있다. 배경팀 선임 아티스트 제이크 블랙은 "수점사들은 기하학적 무늬를 사용해 숫자점을 쳤습니다. 우리는 교실 벽에 분필로 관련 디자인을 그렸을 뿐 아니라 교실의 모양과 바닥의 배치, 샹들리에 디자인에도 기하학적 무늬를 반영했어요"라고 설명한다. 이 교실의 위치가 절묘한 이유는, 책에서 헤르미온느가 점술 교실로 갈 때마다 숫자점 교실 앞을 지나갔기 때문이다. 블랙은 "헤르미온느는 점술 과목을 싫어해서 그 수업에 가는 걸 괴로워했어요. 그 시간에 재미있는 숫자점 숙제를 하고 싶었을 테니 당연히 괴로웠겠죠"라고 말한다.

보스턴 매드슨은 머글학 교실을 만드는 게 제일 쉬웠다고 했다. 매드슨은 "이 시대에 제일 인기 없는 과목이었으니 교실을 지하실에 배치하면 재미있겠더라고요"라고 말한다. 매드슨은 머글학 교실이 골동품 보관장 같은 분위기라면서, 머글 세계의 진귀한 물건들을 용도를 잘못 이해한 채 모아둔 곳이라 설명한다. "아주 오래된 물건도 있고 전구, 자전거, 재봉틀처럼 비교적 최신식인 물건들도 있어요. 우리는 이 게임보다 시대적으로 앞선 물건이 등장하지 않도록 철저하게 확인했습니다!" 매드슨이 머글학 교실에서 제일 좋아하는 물건은 중세 무기인데 그중에서도 대포를 제일 좋아한다. 피브스는 이 대포를 훔쳐내 학교에 혼란을 일으켜 학교 문을 임시로 닫게 만들기도 했다.

옆 페이지: BOSI가 작업한 천문학 교실

위: 나산 하드캐슬이 작업한 히드라 자리 그림

왼쪽: 배경팀이 작업한 천문학 교실(인게임 렌더링)

위: 조슈아 H 블랙과 BOSI가 작업한 피그 교수의 숙소

오른쪽: 벤 시몬슨이 작업한 마법 동물학 교수의 숙소

옆 페이지 위에서부터 아래로: 대니 러슨이 작업한 교장실 앞 계단의 그리핀 조각상, 나산 하드캐슬이 작업한 그리핀도르 기숙사 상자, 나산 하드캐슬과 BOSI가 작업한 고블린 악기와 고블린 병원 용품

각자의 방

호그와트의 각 교실에는 해당 과목을 가르치는 교수의 개성이 반영돼 있다. 매드슨은 "학생들은 교수의 열정에 같이 들뜨기도 하고 어떤 과목에는 무관심하기도 합니다. 우리는 교실의 외관보다 분위기가 더 중요하다고 봤어요." 가능한 경우 스토리 프롬프트를 사용해 교실뿐 아니라 교수의 개인 공간에도 교수의 개성이 반영되도록 했다. 어떤 캐릭터는 무수한 초안을 거쳐 완성되기 때문에, 그 캐릭터와 관련된 공간은 일반적인 느낌으로 설정하고 개성을 보여줄 수 있는 몇 가지 주요 물품을 추가하는 게 안전했다.

매드슨은 "당연한 얘기지만 아티스트들은 여기저기 세부 사항을 추가하면서 무척 즐거워했어요. 그래야 관찰력 좋은 플레이어가 교수를 도우려고 그 교수의 공간에 들어갔을 때 호불호가 있는 진짜 사람이란 느낌을 받을 테니까요. 아티스트들은 좋아하는 허니듀크스의 사탕이라든지, 고양이나 체스에 대한 애정, 편지 쓰기나 악기 연주처럼 교수가 평소에 개인 시간을 어떻게 보내는지 보여주는 물품들을 배치했어요"라고 설명한다.

마법 과목을 담당하는 아브라함 로넨 교수는 명랑하고 상냥한 성격이며 유머와 게임을 좋아한다. 아티스트들은 그의 엉뚱하고 어린아이처럼 활기찬 성격을 표현하기 위한 수단으로 마법에 걸린 종이접기 새를 선택했다. 그리고 마법 교실 입구에 파닥거리며 날아다니는 새들을 배치했다. 브라이언 그린은 "우리는 로넨 교수의 수업에 아씨오 주문을 사용하는 게임을 넣고 싶었어요. 스코틀랜드 술집에서 볼 법한 게임이면 좋겠다는 생각을 했죠. 셔플보드(판 위에 원반들을 얹어놓고 긴 막대를 이용해 숫자판 쪽으로 밀면서 하는 게임-옮긴이) 비슷한 게임요. 우리가 만든 게임이 훨씬 규모가 크긴 하지만 셔플보드의 게임 전략 일부를 가져왔고, 그 결과 소환사의 코트라는 게임을 만들 수 있었습니다. 게임 규모가 너무 커서 교실에서는 할 수가 없었어요. 다행히 로넨 교수는 야외 수업을 즐기는 분이라 플레이어는 안뜰에서 소환사의 코트 게임을 할 수 있습니다"라고 말한다.

엘리자 피그 교수는 교실에서 수업하는 경우가 거의 없다. 피그 교수의 교실은 그의 연구실의 연장선이다. 보스턴 매드슨은 "우리 게임의 주요 인물 중 하나인 피그 교수는 안정적인 지위를 가진 캐릭터입니다. 교실은 그가 종신 재직권을 유지하기 위한 장소에 불과하니, 연구실의 연장선일 수밖에 없죠. 피그 교수의 연구실에는 그가 수십 년 동안 열정적으로 연구해 온 자료들이 꽉꽉 들어차 있습니다"라고 말한다.

자연 교실

호그와트 성 내부에 있는 교실들을 디자인한 아트팀은 성 외부에서 수업을 진행하는 교실들도 디자인했다. 나중에 '마법 생명체 돌보기'로 이름이 바뀌게 되는 '마법 동물학' 과목 교실의 경우, 디자이너들은 미래에 이 과목을 담당하게 될 루비우스 해그리드 교수의 오두막에 경의를 표하고자 그의 오두막을 참고하면서도 새로운 요소를 가미해 디자인했다. 잭 블랙은 "마법 동물 연구에 적절한 외부 구조물 아래에 야외 수업 교실을 배치했습니다. 그래야 교실 분위기도 독특해지고, 숲이나 흙바닥에서 모이는 것보다 격식도 있으면서, 학생들이 오두막 뒷마당에 있는 동물 우리에도 가까이 있을 수 있으니까요"라고 설명한다. 오두막 내부에는 해그리드의 오두막처럼 새장, 밧줄, 덫 같은 항목들을 놓아두었다. 바이호원 교수를 위한 사무실 공간과 숙소 공간도 포함하되, 여성적인 느낌이 풍기도록 했다.

비행 수업에 관해 보스턴 매드슨은 "게임 플레이가 우선이지만 학생들이 어디서 빗자루 타기를 배울지, 비행술 과목 담당 교수의 연구실은 어디로 할지, 퀴디치 경기장과 별도인 빗자루 보관 공간의 위치는 어디인지도 생각해야 했습니다. 이 시대 빗자루의 비행 속도를 어느 정도로 잡아야 할지, 학교 빗자루들의 상태는 어때야 할지를 놓고 여러 번 토론했죠. 심각한 상처를 입은 학생이 비행 수업 운동장에서 병동까지 날아가는 속도가 너무 느리면 숨이 끊어질 수 있다는 점을 감안했어요"라고 말한다.

브라이언 그린은 교실을 세트장으로 여긴 적이 없었다. "저는 교실도 캐릭터들과 마찬가지로 살아있다고 생각합니다. 교실마다 개성이 있고, 오랜 역사와 현재 상황이 반영된 독특한 분위기가 있으니까요. 모형, 재료, 배치, 조명, 음향 효과, 음악이 함께 작용한 교실은 비로소 플레이어가 체험할 수 있는 공간이 됩니다."

바로 위: 나산 하드캐슬이 작업한 디리코울과 니플러의 필드 가이드 그림

아래: 벤 시몬슨이 작업한 마법 동물학 수업 장소의 외관

옆 페이지 위: 배경팀이 작업한 마법 동물학 교실(인게임 렌더링)

옆 페이지 아래: 마이크 매카시가 작업한 마법 동물 우리

옆 페이지: BOSI가 작업한 슬리데린 중앙 계단

바로 아래: BOSI가 작업한 청동 조각상들, 그리핀도르의 사자 조각상

아래: 조슈아 H 블랙이 작업한 그리핀도르 벽난로, 그리핀도르 휴게실

기숙사 휴게실

책과 영화에서는 1990년대 그리핀도르 휴게실과 슬리데린 휴게실의 모습을 자세히 표현해 놓았다. 게임개발팀은 많은 사랑을 받은 이 두 공간을 1890년대에 맞춰 바꾸면서도 팬들 눈에 익숙하게 만들어야 했다. 매드슨은 "기대한 것과 너무 동떨어져서 이질적이고 어색하게 느껴지면 안 되니까요. 우리는 팬들이 기대하는 것에 변화를 주려면 팬들이 달라진 부분을 싫어하지 않도록 훨씬 더 멋지게 만들어야 한다는 점을 염두에 뒀습니다. 우리가 만든 버전이 몰입을 유도할 만큼 자연스러워서 플레이어들이 실제처럼 받아들이면 좋겠어요"라고 말한다.

게임개발팀이 명심한 또 다른 원칙은 각 기숙사가 고유의 색과 개성을 갖고 있어야 하고, 자연을 이루는 네 가지 원소와 하나씩 짝을 이뤄야 한다는 점이었다. 우리는 각 원소의 상징이 기숙사 휴게실의 중앙부 장식에 자리하도록 했다. 그리핀도르 휴게실의 큰 벽난로는 불을 상징하고, 슬리데린 휴게실의 파도 모양 창문과 물결 모양 장식은 물을 상징하며, 래번클로 휴게실의 큼직한 창문들은 공기를 상징하고, 후플푸프 휴게실에 매달아 놓은 식물들은 흙을 상징한다. 매드슨은 "우리는 각 원소를 휴게실의 특징으로 삼아 작업했어요. 책에도 설명이 나와 있어서 어려울 건 없었습니다"라고 말한다. 그리핀도르 휴게실은 타오르는 듯한 붉은 색과 금색, 벽에 걸어놓은 태피스트리, 부드러운 질감의 천으로 꾸며져 있어서 편안하고 아늑한 느낌을 준다. 전체적으로 낡고 편안하며 어수선한 분위기이지만 책상은 깔끔한 편이고 책장도 정리가 잘 되어있다.

슬리데린 휴게실은 책에 언급되어 있긴 한데 영화에서는 (〈해리 포터와 비밀의 방〉에서만 나옴) 짧게만 나와서 우리 아티스트들은 원하는 대로 만들어 볼 여지가 있다고 느꼈다. 매드슨은 "특히 슬리데린 팬들은 슬리데린 휴게실에 대해 바라는 부분이 많았어요. 슬리데린 플레이어가 보기에 다른 기숙사 휴게실 못지않게 아름답고 경이로운 곳이어야 했죠. 그러면서도 집처럼 편안해야 했어요"라고 말한다.

옆 페이지 위에서부터 아래로: 배경팀이 작업한 그리핀도르 휴게실, 래번클로 휴게실(인게임 렌더링)

위: 배경팀이 작업한 후플푸프 휴게실(인게임 렌더링), 슬리데린 휴게실(인게임 렌더링)

왼쪽: 배경팀이 작업한 기숙사별 화로

옆 페이지: 나산 하드캐슬이 작업한 슬리데린 입구의 뱀 모양 패턴, 가고일 문, 입구의 뱀 머리 / 배경팀이 작업한 슬리데린 휴게실의 입구(인 게임 렌더링) / 조슈아 H 블랙이 작업한 슬리데린 휴게실

왼쪽: BOSI가 작업한 슬리데린 태피스트리

오른쪽: 배경팀이 작업한 슬리데린 벽난로(3D 렌더링)

각 기숙사를 상징하는 자연 원소가 있다 보니, 해골이나 뱀을 너무 강조할 필요 없이 물 관련 디자인을 이용해 슬리데린을 더 편안하고 마법적인 공간으로 만들 수 있었다. 매드슨은 슬리데린 휴게실의 경우 어두운 미스터리와 아늑하고 안전한 느낌 사이에서 적절한 균형점을 찾기가 쉽지 않았다고 인정한다. 그래도 매드슨은 "우리는 고대의 장엄한 느낌과 호수 밑에 자리한 데 따른 어둠침침한 분위기의 균형점을 맞추면서 이 문제를 즐겁게 해결했습니다"라고 말한다. 배경팀은 각 기숙사의 휴게실에 개성을 부여하려 고민을 거듭했다. 매드슨은 "슬리데린 출신 학생들은 음악과 예술을 포함해 다양한 재능을 갖고 있어요. 다른 기숙사에 비해 대다수가 부유한 집 자식들이지만, 휴게실에 사탕 포장지를 늘어놔서 집요정들이 청소하게 하거나 창밖의 물고기들을 훈련하며 노는 건 마찬가지죠"라고 말한다.

우리는 래번클로 휴게실과 후플푸프 휴게실을 디자인하면서 실질적으로 어떤 공간이 되어야 하는지부터 생각했다. 매드슨은 "재능 있는 아티스트가 래번클로 휴게실에 필요한 요소를 알맞게 담아낼 건축학적 방법을 찾아냈습니다. 그 결과 책에 묘사된 대로 '공기가 잘 통하는' 수직적인 공간이 탄생했죠"라고 말한다. 책 읽을 때 앉기 좋은 편안한 의자, 숙제할 때 쓰면 좋은 책상, 고딕풍 아치 안에 자리한 높은 책장, 그리고 햇빛이 흘러드는 천장의 커다란 반구형 창문이 있는 휴게실이 만들어졌다. 매드슨은 "래번클로는 다른 기숙사에 비해 전반적으로 학구적인 분위기예요. 하지만 래번클로에 대해 아는 사람이라면 재미있는 요소도 많다는 걸 알 겁니다. 래번클로 휴게실 위쪽에는 멋진 오락실이 있어요. 호그와트 성에서 제일 훌륭한 발코니도 있고요. 그 발코니에서 시끌벅적한 파티를 열거나 불꽃놀이를 해대서 다른 기숙사 학생들의 질투를 유발하죠"라고 설명한다.

후플푸프 기숙사는 대연회장의 정원 바로 아래에 있다. 호그와트 성 옆의 풀로 뒤덮인 둔덕에 돌출된 것이 바로 후플푸프 기숙사 방의 창문이다. 디자이너들은 위치상 후플푸프 기숙사가 다른 기숙사들보다 더 편편하고 넓은 구조일 거라는 단서를 얻었다. 매드슨은 "후플푸프는 잘 숨겨진 비밀 같아요. 크게 주목받지 않아도 자신의 가치를 확실히 알죠" 후플푸프 휴게실로 조용히 흘러드는 빛과 온기는 별 볼 일 없는 겉모습 안에 대단한 무언가가 있을 수 있다는 후플푸프의 믿음을 나타낸다. 초라해 보이는 큰 통들 뒤에 후플푸프 기숙사 입구가 숨겨져 있듯이 말이다. 후플푸프 기숙사 내부도 입구와 마찬가지로 둥근 문과 나무 장식으로 꾸며져 있다. "주방 바로 옆에 있으니 후플푸프 학생들은 파티 때 특별히 좋은 음식을 조달할 수 있을지도 모르죠."

스코틀랜드의 기후 때문에 성 바깥에는 초목과 이끼, 담쟁이덩굴이 가득하다. 모퉁이를 돌 때마다 식물들이 수백 년 동안 별 제재 없이 마구 자란 곳임을 느낄 수 있다.

매드슨은 "마법의 성이라면 으레 그렇듯, 호그와트 성도 수백 년의 역사를 갖고 있어요. 그동안 호그와트 성은 마녀, 마법사들이 매년 필요로 하는 바에 따라 벽을 이동시키고, 계단을 늘리고, 교실도 만들고, 벽을 세워 복도도 만들었죠. 이제 모든 게 이해된다고요? 아뇨, 그럴 리 없어요. 호그와트 성의 기이하고 구불구불한 통로에는 오직 이 성만이 알고 있는 이야기와 역사가 깃들어 있거든요"라고 설명한다.

옆 페이지: 배경팀이 작업한 로위너 래번클로(3D 렌더링)

왼쪽: 케빈 킬이 작업한 등 굽은 외눈 마녀 조각상, 래번클로 바닥의 상징

아래: 배경팀이 작업한 래번클로 기숙사 방

편안한 화장실

매드슨은 "호그와트의 화장실은 이 시대치고는 최신식으로 꾸며져 있어요. 놀라울 정도로 새로운 기술이 적용된 공간이라 학생들은 부모나 종조할머니, 종조할아버지에게 편지를 써서 삶의 질이 확 올라갔다고 알리고 싶겠죠. 그분들이 질투할 만큼요. 호그와트의 새로운 배관 장치는 자부심을 가질 만합니다. 화장실은 학교에서 제일 최근에 만들어진 최고로 멋진 공간이니까요. 나중에 울보 머틀이 있게 되는 여학생 화장실과 남학생 화장실도 이 시대에는 학교에서 제일 새로운 시설입니다!"

옆 페이지 위: 버네사 파머가 작업한 반장 전용 화장실의 인어 장식
옆 페이지 아래: 배경팀이 작업한 반장 전용 화장실(인게임 렌더링)
오른쪽: BOSI가 작업한 화장실 문손잡이, 래번클로 소변기
아래: 배경팀이 작업한 울보 머틀 화장실(인게임 렌더링)

필요의 방

플레이어는 호그와트 마법학교에 5학년생으로 입학하기 때문에 다른 학생들보다 공부가 많이 뒤처진 상태다. 디자인 감독 톰 게디스와 스튜디오 고보의 수석 아티스트 조 사전트는 "개발자들은 플레이어가 호그와트 안에서 따로 공부하면서 자신을 표현하고 필요한 부분을 충족할 수 있는 공간을 제공하기로 했습니다. 덤블도어의 군대를 위해서 그랬듯이 호그와트는 이번에도 우리가 필요로 하는 걸 제공해 줬습니다. 바로 필요의 방이죠"라고 설명한다.

아발란체와 스튜디오 고보는 예전에도 프로젝트를 몇 번 함께한 적이 있어서 업무 협조가 잘되는 상태였다. 아발란체는 스튜디오 고보를 초대해 호그와트 레거시를 공동 작업하기로 했다. 처음에 스튜디오 고보는 필요의 방, 마법 동물들, 재배 및 제조 관련 작업을 책임지기로 했다. 게디스와 사전트는 "시간이 흐르면서 스튜디오 고보의 업무 범위가 늘어나 고지(하일랜드)까지 맡게 되면서 호그와트 북부 지역과 해변 지역도 작업하게 됐죠. 퀘스트, 시네마틱, 추가 탈것들을 비롯해 카메라, 제어, 캐릭터 관련 업무도 지원하게 됐습니다"라고 말한다. 업무 제휴를 통해 이점이 늘어났다. "아발란체는 게임에 '영국스러움'을 넣어달라고 스튜디오 고보 측에 요청했어요. 우린 요구받은 것 이상을 해냈고요!"

스튜디오 고보는 '플레이어의 선택, 자기표현, 팬의 판타지'라는 철학을 고수하며 필요의 방을 디자인했다고 게디스와 사전트는 말한다. 플레이어가 마녀나 마법사로서 자신의 정체성을 반영해 가며 사전 제작한 장소에서 자신을 표현할 수 있어야 했다. 게디스와 사전트는 "숨겨진 물건들의 방에서 플레이어는 어떤 마법약 스테이션을 사용할지, 마법 동물들과 어떤 공을 가지고 놀지 같은 모든 사항을 결정합니다. 어떤 식물을 기를지, 마법 동물들을 어떤 사육장에 풀어놓을지도 선택하죠. 마법 세계 안에서 본인이 직접 만들어 가는 자기만의 영역인 겁니다"라고 설명한다.

팀은 필요의 방을 위해 여러 콘셉트를 잡아봤는데, 흥미로운 식물들과 보글보글 끓어오르는 마법약이 갖춰진 마법사의 실험실도 그중 하나였다. 자료 조사를 하면서 그들은 필요에 따라 공간을 늘리고 접는 뉴트 스캐맨더의 가방에 매료됐다. 게디스와 사전트는 "방향 감각을 잃는 그 괴상하고 마법적인 느낌이 너무 좋아서 우리가 만드는 필요의 방에도 그런 장치를 넣고 싶었어요. 그래서 동물 사육장을 그런 식으로 만들었죠"라고 말한다. 1800년대 말에는 수집 취미가 유행이었고 유리병과 상자가 흔했기 때문에 그런 걸 이용하면 괴상한 수집품을 모아놓는 공간으로 꾸밀 수 있었다. "이상한 마법 물품들을 쭉 늘어놓았죠"라고 그들은 말한다. 이런 아이디어는 필요의 방을 만드는 데 도움이 됐다.

그들은 플레이어가 알아서 꾸밀 수 있는 공간을 만들고 싶었다. 그들은 "필요의 방은 그런 일을 하기에 알맞은 공간이에요. 당신이 필요로 하는 곳이 되어주니까요. 플레이어는 개인적인 활동 중심지 내지는 안식처인 이곳을 맞춤 제작 공예, 식물 재배 및 제조, 변환을 통해 소속 기숙사의 특징대로 '과학적인' 마법약, '식물학적인' 약초학, '다방면에 걸친' 마법 동물학, '고딕풍의' 어둠의 마법을 활용해서 장식할 수 있습니다"라고 설명한다.

팀은 책과 영화뿐만 아니라 개인적인 경험도 영감의 원천으로 삼아, 호그와트 레거시에 대한 팬들의 기대와 판타지를 충족시킬 세상을 창조했다. 완전히 새롭고 독특한 게임이 탄생한 것이다. 이 게임에서 플레이어는 숨겨진 물건들의 방을 지나가게 되는데, 이곳

풍경은 꽤 익숙하다. 이 공간을 지나면 비로소 본인 취향에 따라 맞춤으로 만들 수 있는
필요의 방이 나타난다. 필요의 방에서 플레이어는 집요정 디크를 만난다.

　이 방에서 플레이어는 재배 및 제조를 통해 게임에 필요한 획기적인 항목을 직접 만
들 수 있다. 이때 쓰이는 변환 마법, 마법 동물학, 마법약, 식물학에 관해서는 수업 시간
에 자세히 배우게 된다.

집요정의 도움

호그와트에서 오랫동안 일해온 집요정 디크는 현재 필요의 방에서 플레이어와 함께 작업하고 있다. 디크는 수천 명의 학생들이 학교에 입학하고 졸업하는 모습을 지켜봤고 오랜 세월 호그와트에서 일하며 다양한 직책을 맡아왔다. 그는 언제나 인기가 많고 사교적이며, 호그와트에서 일하는 다른 대부분의 집요정들과는 달리 학생들 앞에 모습을 드러내는 걸 꺼리지 않는다. 디크는 다른 호그와트 집요정들이 늘 하는 요리와 청소보다는 바깥에 나가 식물과 동물을 돌보는 것을 훨씬 좋아한다(그래도 자기 몫의 일은 충실히 하고 있다).

타일러 리버트는 "디크의 길고 휘어진 귀와 어딘지 모르게 슬퍼 보이는 커다란 눈은 그의 성격을 잘 드러냅니다. 우리는 책에 묘사된 내용과 영화에 등장한 모습 같은 집요정 관련 자료를 바탕으로 캐릭터를 만들었어요. 우리 게임의 이야기에 맞는 새로운 집요정을 만들고 싶었거든요. 디크를 본 사람은 누구나 그가 야외 활동을 좋아하고 운동선수 같은 면이 있다는 걸 눈치챌 수 있습니다. 그는 집요정치고는 나이가 많지만 여전히 활기차고 얼굴에도 팔팔한 기운이 엿보입니다"라고 설명한다.

취향대로 방 꾸미기

플레이어는 '명확한 두 가지 범주'에서 물품들을 가져다가 필요의 방을 꾸밀 수 있다. 톰 게디스와 조 사전트는 "플레이어는 장식품과 마법에 걸린 물건들을 이용해 장비에 마법을 걸거나 동물에게 먹이를 주는 등 복잡한 활동을 할 수 있습니다"라고 말한다.

기숙사 분류 기준이 되기도 하는 네 가지 마법 취향에 따라, 수백 개의 참신한 물품들과 가구들을 놓을 수도 있다. 게디스와 사전트는 "이런 과정을 통해 플레이어는 필요의 방에 개성을 반영하게 됩니다. 단순한 의자에서부터 상호 작용하는 개구리 합창 스탠드까지 물품의 종류는 다양합니다!"라고 말한다.

이런 물품들은 빅토리아 시대 말의 마법 세계라는 게임 배경과 잘 어울려야 했다. 게디스와 사전트는 "영국에서 1800년대 말은 흥미로운 시기였어요. 우리는 그 시대를 연구하면서 많은 영감을 받았죠. 대단한 과학 수집품들, 찰스 다윈, 왕립조류보호협회(RSPB)와 왕립동물학대방지협회(RSPCA)를 중심으로 싹트기 시작한 자연 보호 운동을 볼 수 있는 시대였어요"라고 설명한다. 이 시대에 대한 연구는 마법동물학자를 주제로 하는 작품 개발로 이어지기도 했다. "상류층 사이에서 암암리에 신비학(신비로운 힘 또는 마술적 방법에 의해 구명되는 학문-옮긴이)에 대한 관심이 유행처럼 번져나가기도 했죠. 어둠의 마법과 잘 어울리는 부분이겠더라고요. 플레이어는 이런 다양한 주제를 받아들이고 결합해 본인 취향의 마녀나 마법사를 즐겁게 만들 수 있습니다."

바로 위: BOSI가 작업한 픽시의 해골

옆 페이지: 캐릭터팀이 작업한 핀키와 디크(3D 렌더링), 라이언 우드가 작업한 집요정

필요의 방에서 구현할 마법 물품을 만드는 일은 좀 더 힘들었다. 게디스와 사전트는 "플레이어는 마법 물품을 사용하면서 체계적이고 질적으로 우수한 게임을 할 수 있습니다. 게임 전반에 걸쳐 풍성한 경험이 가능해지죠. 그러려면 마법 세계는 물론이고 당시 시대에도 알맞은 물품이어야 했습니다"라고 말한다. 팀이 초기에 콘셉트를 잡은 마법 물품들은 묘하게 과학적인 느낌을 풍겼고 놀라웠지만 이 프랜차이즈에는 어울리지 않았다. 게디스와 사전트는 "마법 세계에서 이런 물품은 마법적으로 놀라운 기능을 하되 일상에서 편하게 쓰는 물건이어야 했어요. 예를 들면, 마법 동물 배식기는 복잡한 장치가 아닙니다. 그냥 마법에 걸린 사료 배식기죠. 배식기가 먹이통에 먹이를 채우면 마법 동물들이 와서 먹는 겁니다"라고 설명한다.

플레이어에게 필요의 방을 맞춤 제작할 수 있는 능력을 주더라도 한계는 둬야 했다. 하지만 팀은 어떤 기준으로 한계를 정해야 할지 알 수 없었다. 어떤 항목을 유지할지는 플레이어가 무엇을 제일 달성하고 싶어 하는지, 어떤 이야기와 목표를 가졌는지에 따라 정해지기 때문이다. 게디스와 사전트는 "장치마다 메모리 한도, 그래픽 한도가 제각각이었습니다. 결국 우리 디자이너들은 단순하면서도 뛰어난 UI 위젯을 만들어 냈죠. 이 위젯은 플레이어가 물품을 구현할 때 '한도'를 시각화해서 보여줍니다. 이 부분은 플레이어가 사용하는 게임 장치의 성능에 따라 유연하게 적용됩니다"라고 말한다.

필요의 방은 건축 구조뿐 아니라 구현 가능한 물들까지 모든 부분을 플레이어가 맞춤으로 정할 수 있다. 게디스와 사전트는 "디자인, 아트, 기술 면에서 엄청난 양의 일과 반복을 요한 대단한 작업이었어요. 플레이어의 게임 진행 상태에 따라 필요의 방이 계속 변하고 확장되기 때문에 무수한 이동형 부품들을 고려해야 했습니다"라고 토로한다.

마법 동물 돌보기 ──·✕·─────

플레이어는 야생에서 마법 동물들을 구해서 필요의 방으로 데려와 돌볼 수 있다. 게디스와 사전트는 "우리는 플레이어들이 마법 동물들과 상호 작용하면서 돌봐주길 원했습니다. 제작 전에 다양한 아이디어가 나왔는데 결국 우리는 플레이어가 마법 동물을 쓰다듬고, 먹이를 주고, 같이 놀아주고, 교배시키는 핵심적인 활동을 하는 게 최선이라는 결론을 내렸어요"라고 설명한다.

마법 동물들을 수집한 플레이어에게는 보상을 해줘야 하는데, 팀은 완전히 새로운 방식으로 마법 동물과 상호 작용하기, 마법 동물의 부산물을 사용해서 장비 개선하기, 엄청 귀여운 마법 동물 새끼 기르기라는 세 가지 보너스를 주기로 결정했다.

다양한 마법 동물들은 독특한 방식으로 이동하는데 개발 단계에서 이 부분을 구현하기가 쉽지 않았다. 네발로 다니는 동물, 날아다니는 동물, 네발이 있으면서 날아다니는 동물 등 종류도 다양했다. 모든 마법 동물들은 독특한 애니메이션이나 콘텐츠 없이도 작용할 수 있어야 했다. 게디스와 사전트는 "다행히 우리는 애니메이터, 기술 애니메이터, 프로그래머, 캐릭터 아티스트로 구성된 똑똑한 팀을 보유하고 있었습니다. 팀원들은 기꺼이 난제를 받아들여 멋진 결과물을 만들어 냈죠"라고 말한다. 스튜디오는 결과물을 무척 자랑스러워하고 있다. 게디스와 사전트는 "마법 동물들은 각자의 삶과 개성이 있어요. 독특한 장난감을 가지고 놀고, 플레이어에게 쓰다듬어 달라며 다가오고, 배고프면 마법 동물 배식기를 찾아가 먹이를 먹는 생활을 하죠"라고 덧붙인다.

우리는 해리 포터 기존 이야기와 팬들의 판타지를 원동력 삼아, 게임에 넣을 마법 동물들을 선택했다. 팀은 해리 포터 책에 나오는 마법 생명체 관련 묘사를 읽었고, 마법 세계의 예술에 관한 책들을 탐독했으며, <해리 포터> 영화 시리즈와 <신비한 동물 사전> 영화 시리즈를 시청하면서 마법 동물들의 개성과 행동 같은 세밀한 부분을 집중적으로 관찰했다. 히포그리프가 호수 위를 가로질러 날아가는 장면, 불사조 폭스를 소개하는 장면은 팬들에게도 잘 알려져 있다. 스튜디오 고보는 플레이어들이 새로우면서도 익숙한 경험을 할 수 있도록 이런 마법 동물들을 게임에 넣었다.

게디스와 사전트는 "우린 모든 마법 동물을 특별하고 멋지게 만들고 싶었습니다"라고 털어놓는다. 마법 동물 대다수는 강력한 시각적 정체성을 갖고 있어서, 팀은 니플러처럼 팬들에게 익숙한 마법 동물은 외양에 큰 변화를 주지 않았다. 그 외에 다른 동물들은 콘셉트 아트를 무수히 반복 진행했다. 긴밀히 협력하며 작업한 결과 팀은 익숙하면서도 독특한 마법 동물의 모습을 만들어 낼 수 있었다. "우리 게임의 마법 동물들은 암컷과 수컷이 있고, 일부 마법 동물은 새끼도 있어요. 영화나 기존 게임에서는 한 번도 나온 적이 없죠."

우리는 영화 <신비한 동물 사전>에서 영감을 받아 마법 동물들을 만들었다. 게디스와 사전트는 "세스트럴처럼 날아다니는 마법 동물도 있고, 퍼프스킨처럼 작고 귀여운 반려동물도 있고, 몸집이 훨씬 크고 공격적인 그래폰 같은 마법 동물도 있어요"라고 말한다.

팀은 뉴트 스캐맨더의 가방을 주제로 한 시네마틱 묘사에서 영감을 받아 네 개의 마법 동물 사육장을 만들었다. 이 사육장은 필요의 방에서 출입할 수 있다. 사육장도 수없이 작업을 반복하느라 개발이 완료되기까지 더 오랜 시간이 걸렸다. 게디스와 사전트는 "원래는 필요의 방 안에서 확장 마법을 써서 더 넓은 영역을 열게 하려고 했어요. 그러다

옆 페이지 위: 나산 하드캐슬이 작업한 불사조 자리 그림

옆 페이지 아래: 캐릭터팀이 작업한 마법 동물 새끼들(3D 렌더링)

가 뉴트 스캐맨더의 가방 속에 존재하는 마법 동물 영역처럼 사육장을 만들면 좋겠다는 생각이 들었죠. 처음엔 워드 상자 같은 형태였는데 나중에는 훨씬 더 커졌습니다"라고 설명한다. 사육장은 호그와트 성을 둘러싼 여러 지역의 특성을 보여주는데, 이는 우리 게임의 기반이 된 스코틀랜드 지역에서 영감을 받은 것이다.

마법약 제조

호그와트 레거시의 마법약은 전투에서 상처를 치료하고, 대미지를 줄이고, 은신하는 등의 용도로 사용되는 매우 유용한 자원이다. 필요의 방에 마법약 스테이션을 구현한 플레이어는 교실이 아닌 필요의 방에서도 언제든 여러 재료를 혼합해 마법약을 제조할 수 있다.

스튜디오 고보의 팀은 마법 세계의 기존 이야기와 게임 진행 시 사용 여부 등 많은 부분을 고려해 게임에서 사용할 마법약들을 개발했다. 게디스와 사전트는 "게임 플레이 관점에서 얘기하자면, 플레이어들에게 힘을 실어줄 마법약이 필요해서 개발했습니다"라고 말한다. 가령, 투명 마법약은 던져서 쓰는 보호색 마법(투영 마법)보다 더 강력한 은신 효과를 발휘한다. "우리는 마법약의 효과와 주문을 쓸 때의 효과, 자원 수집, 필요의 방 제작 관련 사항을 모두 고려해서 게임에 필요한 마법약의 가짓수와 외양, 효과를 결정했습니다."

게임에서는 뛰어난 소모품인 마법약을 제조하려면 미니 게임을 해야만 하도록 설정했다. 플레이어는 미니 게임을 하면서 잠시 재미있게 놀 수 있다. 게디스와 사전트는 "디자인, 아트, 시각 효과, 실행력을 총동원한 결과 멋진 마법약들을 만들어 낼 수 있었습니다. 마법약 제조는 UI 스크린과 설명으로 대신할 수도 있었지만, 우리 팀은 플레이어가 진짜 마법 세계를 경험할 수 있도록 힘을 모았죠. 재미있게 일했습니다"라고 설명한다.

옆 페이지 맨 왼쪽: 마이크 매카시가 작업한 마법약 제조 테이블

위: 다미안 부즈베가 작업한 안식처 드러내기

왼쪽: 나산 하드캐슬과 BOSI가 작업한 미화, 잉크 장막, 뼈가쑥쑥, 증오, 달빛 기름 마법약

식물 재배

식물 재배 방법은 약초학 수업에서 배울 수 있지만 화분용 테이블을 구현해야 필요의 방 안에서 언제든 식물을 기를 수 있다. 게디스와 사전트는 "호그와트 마법학교에서는 약초 학을 배우는 게 무척 의미 있는 경험입니다. 우리는 《해리 포터와 비밀의 방》에 나온 맨 드레이크 장면을 재현하고 싶었어요. 이런 식물을 제대로 사용하면 강력한 도구가 되니까 요. 맨드레이크의 울음만 해도 그 소리를 듣는 사람에게는 치명적이거든요"라고 말한다.

그들은 "중국산 깨무는 양배추, 독손가락, 악마의 덫은 해리 포터 기존 이야기에도 나 오는 잘 알려진 식물입니다. 전투와 모험을 다채롭게 해주죠"라고 덧붙인다.

스튜디오 고보 팀이 필요의 방에서 플레이어에게 제공하는 것은 공간, 구현 마법, 식물 재배에 필요한 자원이다. 게디스와 사전트는 "우리 팀 입장에서는 식물들이 전투 주문과 균형을 이루도록 하는 게 더 어려웠어요. 식물이 독특하면서도 유익하다는 느낌이 들어 야 플레이어가 필요의 방에서 계속 재배하려고 할 테니까요"라고 설명한다.

아래: 나산 하드캐슬이 작업한 폴 짝폴짝 뛰는 독버섯, 경적을 울리 는 수선화

옆 페이지 위: 캐릭터팀이 작업한 맨드레이크(3D 렌더링), 벤 시몬슨 이 작업한 독손가락

옆 페이지 아래: 대니 러슨과 BOSI 가 작업한 오그라든 무화과나무, 펑거스 양파, 니플러의 팬시

총평

스튜디오 고보 팀은 필요의 방 공간의 맞춤 제작 및 확장과 관련해 다양한 난관에 직면했다. 이 공간은 아름다워야 할 뿐 아니라 장식과 맞춤 제작 시 질감도 충분히 살려줘야 했다. 게디스와 사전트는 "플레이어는 벽 조각 하나까지 선택해 가며 자기만의 마법적 정체성을 표현하죠. 그런 식으로 하나하나 선택하다 보면 방 전체가 확장되고 형태가 변하면서 자기표현을 할 공간을 더 많이 갖게 됩니다. 그럼 3차원 직소 퍼즐처럼 조각 하나하나가 달라질 수 있어요. 팀은 품질 저하 없이 맞춤 제작이 가능하도록 협업하면서 지독하게 열심히 작업했습니다"라고 말한다. 대상 플랫폼의 프레임 한도 내에서 이런 작업을 제대로 해내려면 무수히 많은 기술적인 문제들을 해결해야 했다. 스튜디오 고보는 필요의 방이 더 넓은 게임 스토리와 체계를 보완할 수 있게 했다. 플레이어가 전투와 수집, 약탈, 탐색처럼 반복되는 게임 동작을 수행하면서 보상을 얻고 힘을 낼 수 있어야 하기 때문이다.

어떤 특징과 항목을 완전하게 개발하고 어떤 것을 폐기해야 할지 결정하는 것도 쉽지 않았다. 마법 동물, 방 확장, 마법약, 식물, 땅요정 미니 게임은 품질이나 시간 제약 때문에 일부 편집할 수밖에 없었다. 완전 맞춤 제작이 가능한 필요의 방은 마법 세계의 정신이 담겨있는 데다가 플레이어가 호그와트 마법학교에서 배운 동식물 돌보기 기술을 쓸 수 있는 안식처인 만큼 그대로 두었다.

스튜디오 고보는 호그와트 레거시가 제공하는 모든 것을 자랑스럽게 여기지만, 그중에서도 특별히 좋아하는 게 있다. 조 사전트는 "저는 이 게임의 진정성과 매력, 그리고 마법이 구현되는 방식이 참 자랑스럽습니다. 마법적으로 생기를 불어넣은 마법약 스테이션, 마법 동물 배식기, 퇴비 제조기, 빌리위그 둥지, 마법으로 확장된 동물 사육장을 생생하게 만들어 내면서 정말 기뻤어요. 특히 동물 사육장은 플레이어가 마법 동물을 기르고 돌볼 수 있는 완전히 새로운 세상을 열어주었죠. 이 작은 공간 안에서는 할 일도 많고, 봐야 할 것도 많습니다. 다양한 재밋거리가 숨겨져 있으니 플레이어들이 어서 들어와 탐색하면 좋겠어요"라고 말한다.

톰 게디스는 "이 게임으로 가능한 모든 사용자 경험, 필요의 공간이 플레이어에게 제공할 수 있는 것, 온 팀이 협업해 이토록 멋진 장소를 만들어 낸 것이 정말 자랑스럽습니다. 필요의 방을 내 게임 스타일에 맞게 만들 수 있다는 게 얼마나 좋은지 모릅니다. 전투와 탐험에 도움이 될 마법약을 제조하고 식물을 기르는 것도, 장비 제작에 쓰기 위해서나 고지에서 타고 다니기 위해 마법 동물들을 기르는 것도 재미있죠. 이 모든 게 우리 팀이 개발한 훌륭한 시스템 덕분입니다"라고 말한다.

게디스와 사전트는 "이 정도 품질을 유지하면서 이런 경험을 할 수 있는 게임은 본 적이 없어요. 이 프로젝트에 참여할 수 있어서 뿌듯하고 영광스럽습니다. 우리가 이 게임을 만들었을 때처럼 플레이어들도 즐겨주시면 좋겠습니다"라고 말을 맺는다.

옆 페이지 위: 다미안 부즈베가 작업한 맞춤 제작 안식처

옆 페이지 아래: 마이크 매카시가 작업한 사육장 수렁 입구(인게임 렌더링 페인트오버)

호그스미드

플레이어는 호그스미드 마을에서 상점 및 술집 주인들과 상호 작용할 수 있다. 주인들은 플레이어에게 퀘스트를 주거나 퀘스트에 도움이 되는 아이템을 제공한다.

영국에서 유일하게 마녀와 마법사들만 사는 마을인 호그스미드는 거리와 옆 골목에 스무 개가 넘는 상점들이 자리하고 있다. 호그스미드 아트 수석 재러드 배스천은 "허니듀크스, 호그스 헤드 술집 겸 여관, 올리밴더스 지팡이 가게, 스리 브룸스틱스 같은 주요 상점 외에 세리드웬의 솥 가게, 글래드래그스 마법사 옷가게, 더비시 앤 뱅스 등의 상점들이 있어요. 전부 제대로 기능을 하도록 만들었죠"라고 설명한다. 플레이어의 게임 진행에 중요한 역할을 하는 상점도 있고, 팬들에게 처음 모습을 보여주는 정도의 의미만 있는 상점도 있다. 배스천은 "팬들이 재미있게 볼 수 있도록 우리 게임에만 있는 상점 몇 개도 추가했습니다"라고 말한다.

호그와트 레거시 게임의 호그스미드 마을을 만드는 작업은 화이트보드에 지도를 그리는 것에서부터 시작됐다. 세바스티엔 가예고는 "우리는 책에서 호그스미드 마을에 관해 언급된 부분을 전부 모았습니다. 상점들의 위치와 서로 어떻게 연결되어 있는지를 파악한 후 마을을 짓기 시작했죠!"라고 설명한다. 콘셉트 아티스트들은 책에 묘사된 내용과 최대한 가까운 지도가 만들어질 때까지 건물들을 이리저리 옮겼다. 가예고는 "스코틀랜드의 작은 마을 느낌을 내고 싶었어요. 큰길이 있고 그 길에서 좁은 골목길이 뻗어나가는 마을이요. 플레이어가 마을에 들어가면 스리 브룸스틱스가 제일 먼저 눈에 띄게 했습니다"라고 말한다.

옆 페이지 아래 왼쪽: 세바스티엔 가예고가 작업한 호그스미드 초기 지도의 자리 배치

옆 페이지 아래 오른쪽: 배경팀이 작업한 핼러윈 날의 호그스미드 광장

위: 배경팀이 작업한 호그스미드 광장

아래: 배경팀이 작업한 겨울철의 호그스미드 마을(인게임 렌더링)

호그스미드 마을에 건물을 배치하면서 한 가지 더 고려 한 점이 있었다. 재러드 배스천은 "〈해리 포터〉 영화와 테 마 파크에 더 익숙한 팬들도 있을 겁니다. 우리는 그런 팬들 도 익숙하게 느낄 공간을 만들고 싶었어요. 그래야 어떤 매체를 통해 팬이 됐든 이 공간이 잘 아는 곳처럼 느껴져 흠뻑 빠져들 수 있을 테니까요"라고 말한다.

게임의 시대에 맞추기 위해 아티스트들은 오랜 역사를 가진 호그스미드 마을이 1800년대에는 어떤 모습이었는 지 상상해 봤다. 호그스미드 마을 대부분은 1800년대보 다 훨씬 전에 만들어졌을 것이다. 아티스트들은 아주 오 래전 이 상점들의 외부와 내부는 어땠을지, 그 후 시대에 맞춰 새로운 기술과 디자인 감각을 받아들이면서 어떻게 변했을지를 생각했다.

배스천은 〈해리 포터〉 영화 시리즈의 프로덕션 디자이 너 스튜어트 크레이그가 한 말을 듣고 또 다른 아이디어를 떠올렸다. 배스천은 "이 마을에는 직선이나 직각이 없다는 아이디어였어요"라고 말한다. 아티스트들은 이 마을을 설 계하고 건축한 마법사들이 머글 사회의 표준 건축양식을 신경 쓰지 않았을 것이라는 전제를 받아들였다. 바스티언 은 "아티스트들은 어떤 길도 직선으로 뻗어나가질 않고 상 점 문짝도 전부 약간씩 기울었지만 매력과 경이로움이 넘 치는 마을을 만들었습니다"라고 말한다. 그는 이 작업에 영 향을 준 요소가 하나 더 있다고 말한다. "제가 큰 수납장의 선반을 얼마 전에 만들어 달았어요. 수평이 잘 맞은 줄 알 았는데 눈대중으로 해서 그런지 수평이 하나도 안 맞고 전 부 조금씩 기울어졌더라고요!"

옆 페이지: 배경팀이 작업한 독위드와 데스캡의 외관(인게임 렌더링)
중간: 대니 러슨이 작업한 마법사의 집 내부
아래: 세바스티엔 가예고가 스타일 작업한 호그스미드 마을

호그스미드는 구부러진 모양에 중심축이 기울어진 건물들로 가득한 마을이라서 마을 건축 시 한 번 만든 자원을 반복해서 쓸 수가 없었다. 호그와트 성의 경우 창문 모양이 동일하고 직선이라 몇 번이고 되풀이해서 쓸 수 있었는데 말이다. 배스천은 "호그스미드 마을의 창문은 죄다 구부러지고 비스듬합니다. 지붕 선이 휘어있고 벽도 마을 느낌에 맞게 비딱하게 뒤틀려 있죠. 이 마을을 짓느라 기술과 인력이 엄청 들어갔어요!"라고 말한다.

소수로 구성된 콘셉트 아티스트들은 가능할 때마다 책

을 참고해 가며 각 건물의 안팎에 대한 디자인을 몇 가지 뽑아냈다. 초기 디자인을 보면 각 상점에서 이루어질 게임 플레이를 지원하고 분위기를 더 잘 맞추기 위해 이리저리 잡아당긴 모양새로 되어있다. 배스천은 "그렇게 했더니 바닥의 형태와 배치에도 영향을 주더라고요. 우리는 상점마다 고유의 느낌을 풍기도록 하고 싶었어요. 종코의 장난감 가게, 독위드와 데스캡을 예로 들어보자면, 이런 상점들을 방문하는 목적이 다르니까 상점 안에서 이루어지는 체험도 달라져야 하죠"라고 말한다.

호그스미드 마을 상점들의 분위기를 좌우하는 것은 상점 주인들이니, 주인들의 개성과 상점의 목적이 디자인에 반영되어야 했다. 가예고는 "우리는 건물을 등장인물처럼 생각하며 내부와 외부를 디자인했습니다. 상점 주인의 개성을 바탕으로 디자인을 한 거죠"라고 말한다. 몰입을 유도하는 비주얼 제작을 위해 예술과 이야기를 혼합한 결과물이 바로 이런 디자인이다. 배스천은 "어떤 상점은 다른 상점에 비해 세심하게 정리가 돼있고, 어떤 상점은 가장자리가 더 거칩니다. 목공과 공간 꾸밈새가 더 격식 있는 상점도 있고요. 안에서 파는 물건들과 마찬가지로 겉모습에 별로 신경 쓰지 않는 상점도 있습니다"라고 설명한다.

대니 러슨이 작업한 크리스마스 시즌의 호그스미드 마을 중심가 풍경

상점들의 외관과 관련해서 아티스트들은 마을의 건물 대부분이 그 지역에서 나는 비슷한 재료로 지어졌다는 전제를 깔아두었다. 배스천은 "하지만 상점 주인마다 미적 감각이나 건축 스타일, 기능성에 대한 견해는 다를 수 있어요. 플레이어는 중심가나 옆 골목을 걸어가면서 건물마다 고유의 분위기가 있다는 걸 느낄 수 있을 겁니다"라고 말한다. 디자이너들은 '마법사는 이런 걸 어떤 식으로 짓고 싶어 했을까?'라는 질문을 늘 떠올릴 필요가 있었다. 배스천은 "마을 전체를 거시적으로 볼 때뿐만 아니라 건축 방식이나 심미적 디자인 같은 미시적인 부분에 대해서도 항상 같은 질문을 했어요. 마법사들은 어떤 물리학 법칙을 수용하고, 어떤 물리학 법칙은 무시하고 마법으로 덮어버렸을까? 머글의 관습 중에 어떤 걸 받아들이고, 어떤 건 멍청한 짓거리라며 거부했을까? 같은 질문들이었죠. 어디까지 한계를 넓혀도 될지, 호그와트 성과 게임의 나머지 부분들과의 일관성은 어떻게 유지할지가 늘 고민이었어요"라고 설명한다.

처음부터 호그스미드를 학교에서부터 걸어갈 수 있는 곳에 있는 마을로 설정했다. 그래야 학생들이 마을까지 걸어 다니면서 게임에 필요한 아이템을 수집할 것이기 때문이다. 마을 건물들의 비좁고 비딱하게 기울어진 내부 공간은 탁 트인 고지, 호그와트 성의 널찍하고 격식 있는 공간과 대조된다. 배스천은 "학생들은 느긋하게 즐기면서 놀려고 호그스미드 마을을 방문하는 것이니 마을 분위기를 그렇게 맞출 필요가 있었어요"라고 덧붙인다.

하지만 최선을 다해 세운 계획도 변경해야 할 때가 있다. 배스천은 "우리는 플레이어가 필요로 하는 아이템들에 대해 초기에 잘 깔아놨다고 생각했어요. 그런데 게임 진행에 필수적인 일부 아이템을 게임 시스템이 지원하지 못한다는 걸 알게 됐죠. 초기에는 생각도 못 했던 다른 아이템이 필요해지기도 했고요"라고 말한다.

콘셉트 아티스트들과 게임 디자이너들이 논의를 계속하는 동안 마을 상점들은 변화에 적응했다. 배스천은 "상점 내부와 바깥 구석구석에 틈새 공간이 있어서, 지하 시설로 가는 입구라든지 보물을 보관하는 장소로 쓸 수 있었습니다. 게임상 명확한 목적이 있는 공간인 경우, 우리가 아티스트로서 해야 할 일은 그런 목적을 지원하고 필요한 부분을 개선하는 것이었어요"라고 고백한다. 게임을 개발하면서 전략 변경이 불가피할 때는 이처럼 융통성 있게 대응해야 할 필요가 있다. 우리는 플레이어가 호그스미드 마을에 들어와 처음 겪는 일을 대규모 전투로 설정했다. 배스천은 "처음에는 이 정도 전투를 지원할 만한 공간이 없었어요. 하지만 게임 디자인이라는 게 늘 움직이는 표적인 만큼, 찾아보면 방법은 다 있더라고요. 벽 몇 개를 부숴서 플레이어가 제대로 전투를 할 수 있게 했습니다!"

옆 페이지: 대니 러슨이 작업한 마을 광장의 분수
오른쪽: 대니 러슨이 작업한 마을 광장 분수의 스케치

호그스미드 마을의 상인들

호그스미드 마을 상점들 못지않게 상점 주인들도 개성이 뚜렷하다. 타일러 리버트는 "상점 주인은 상점이 외부에 내보이는 표정입니다. 대부분의 주인들은 열정적으로 일하고 있어요. 현실 세계에서도 무언가에 열심인 사람과 교류하는 건 재미있는 일이잖아요. 호그와트 레거시 게임을 하는 플레이어들도 호그스미드 마을의 상점 주인들을 만나 교류하면서 같은 기분을 느낄 겁니다. 예를 들어 게르볼드 올리밴더는 이름만 재미있는 게 아니라 외모도 흥미로워요. 그는 정수리가 까진 대머리인데 주변에 붙어있는 회색 머리카락은 정전기로 흐트러져 있고 구레나룻은 무성하죠!"

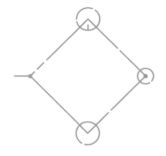

올리밴더스 지팡이 가게는 기원전 382년부터 지팡이를 판매해 왔다. 호그스미드 마을 분점에서 지팡이를 파는 게르볼드 올리밴더는 지팡이에 관해서라면 목재 종류부터 심에 이르기까지 모르는 게 없다. 그는 재미있고 열정적일 뿐 아니라, 그의 가게를 방문한 사람 누구에게나 경이로움을 느끼게 하는 존재다. 호그스미드의 올리밴더스 지팡이 가게는 다이애건 앨리에 있는 올리밴더스 지팡이 가게보다 좁지만, 2층으로 된 건물 안을 보면 천장까지 최신 지팡이들로 꽉꽉 채워져 있다.

옆 페이지: 대니 러슨이 작업한 올
리밴더 지팡이 가게의 내부

위: 애덤 톨먼이 작업한 올리밴더
지팡이 가게의 외부

오른쪽: 라이언 우드가 작업한 올
리밴더 지팡이 가게의 캐비닛 카드

스크립톤샤프트 깃펜 가게의 주인은 새 같은 얼굴과 목소리를 가진 **에셀 위글리**다. 에셀은 자연스럽게 떨어진 깃털로 만든 깃펜만 가게에 들여놓는다.

약간 부주의한 **새디어스 트래버스**가 운영하는 **더비시 앤 뱅스**에 가면 다양한 마법 장비를 살 수 있다.

앨비 위크스는 **스핀트위치스 스포츠 가게**에서 빗자루를 팔고 있다. 플레이어는 이 가게에서 빗자루를 업그레이드받아 고지를 편하게 가로지를 수 있다.

옷과 장비를 파는 **글래드래그스 마법사 옷가게**의 주인은 빈틈없는 판매원이기도 한 **아우구스투스 힐**이다. 그는 아무리 안 어울리는 옷이라도 긍정적인 면을 재빨리 찾아내는 재주가 있다.

옆 페이지 위: 애덤 톨먼이 작업한 스크립톤샤프트 깃펜 가게

옆 페이지 아래: 배경팀이 작업한 스핀트위치스 스포츠 가게(인게임 렌더링)

위: 대니 러슨이 작업한 더비시 앤 뱅스의 내부

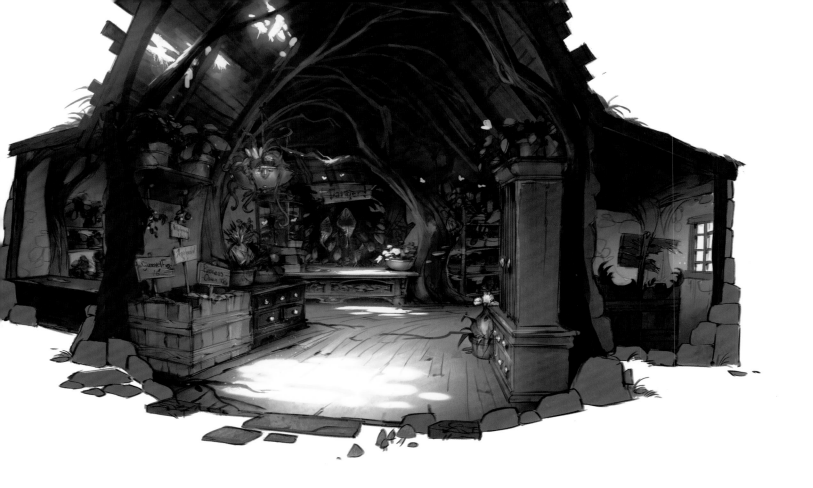

다양한 식물에 둘러싸여 사는 중년 부인 **베아트리체 그린**은 **독위드와 데스캡**을 운영하면서 식물과 씨앗을 판매하고 있다. 위험한 씨앗도 판매 대상이다. 이 가게는 마을에서 약간 떨어진 산비탈에 자리하고 있다.

브루드 & 펙은 모든 종류의 마법 동물들한테서 나온 온갖 종
류의 부산물을 판매하는 가게다. 거친 성격을 지닌 **엘리 펙**은
모든 마법 동물들이 편하게 지낼 수 있도록 돌봐주고 있다.

옆 페이지 위: 대니 러슨이 작업한
독위드와 데스캡의 내부와 스케치

옆 페이지 아래: 애덤 톨먼이 작업
한 독위드와 데스캡

바로 위와 왼쪽: 대니 러슨이 작업
한 브루드 & 펙의 외부, 뒤, 스케치
/ 캐릭터팀이 작업한 가게 주인 엘
리 펙(3D 렌더링)

155

대니 러슨이 작업한 호그스 헤드 골목

패리 피핀은 마법약과 재료를 파는 **J. 피핀의 마법약 상점**의 주인이다. 그는 모든 것에 다 통하는 마법약이 있다고 믿고 있으며, 제일 간단한 문제도 복잡하게 혼합한 물약으로 해결하려 들 때가 종종 있다.

바로 아래: 나산 하드캐슬과 BOSI가 작업한 마법약 상자와 마법약들 / 버네사 파머가 작업한 거머리 즙 필드 가이드 그림 / 대니 러슨이 작업한 피핀의 마법약 스테이션

맨 아래: 배경팀이 작업한 J. 피핀의 마법약 상점 내부(인게임 렌더링)

옆 페이지: 애덤 톨먼이 작업한 J. 피핀의 마법약 상점 외관

158

토머스 브라운이 운영하는 톰스 & 스크롤스에서는 두툼한 책과 두루마리 외에도 통칭 '마법서'로 알려진 다양한 구현 마법 제조서를 팔고 있다. 이 전문 서점의 주인 토머스 브라운은 고결한 성품을 가진 남자로, 머글 문화를 좋아하는 데 특히 크리스마스 캐럴을 좋아한다.

옆 페이지 위: 샘 닐슨이 작업한 톰스 & 스크롤스 내부

옆 페이지 아래: 배경팀이 작업한 야간의 톰스 & 스크롤스 외관, 주간의 톰스 & 스크롤스 외관(인게임 렌더링)

위: 나산 하드캐슬이 작업한 독 깃펜

오른쪽: 캐릭터팀이 작업한 톰스 & 스크롤스의 주인 토머스 브라운 (3D 렌더링)

티모시 티즈데일이 운영하는 매직 니프에서도 식물 씨앗을 구매할 수 있다. 티모시 티즈데일이 워낙 겸손한 사람이라, 그가 예전에 오러로 일했다는 걸 알면 놀랄 사람이 많을 것이다.

맨 위의 왼쪽: 버네사 파머가 작업한 마담 스넬링의 미장원 외관

맨 위의 오른쪽: 조슈아 H 블랙이 작업한 새 부인 포스터

왼쪽: 대니 러슨이 작업한 매직 니프 외관

맨 아래: 캐릭터팀이 작업한 매직 니프의 주인 티모시 티즈데일 (3D 렌더링)

옆 페이지: 대니 러슨이 작업한 허니듀크스의 알리호치 퍼지 포스터

칼리오프 스넬링은 마담 스넬링의 미장원에 가면 만날 수 있는 미용사다. 세련된 상주 미용사 칼리오프는 프랑스에서 3개월 살다 왔으며 유행을 선도하는 사람이라고 자부한다. 과장된 머리 모양을 하고 있는데 언제든 옷을 과하게 차려입는 편이다.

FUDGE ALIHOTSY

LA FRIANDISE QUI
VOUS FERA SOURIRE

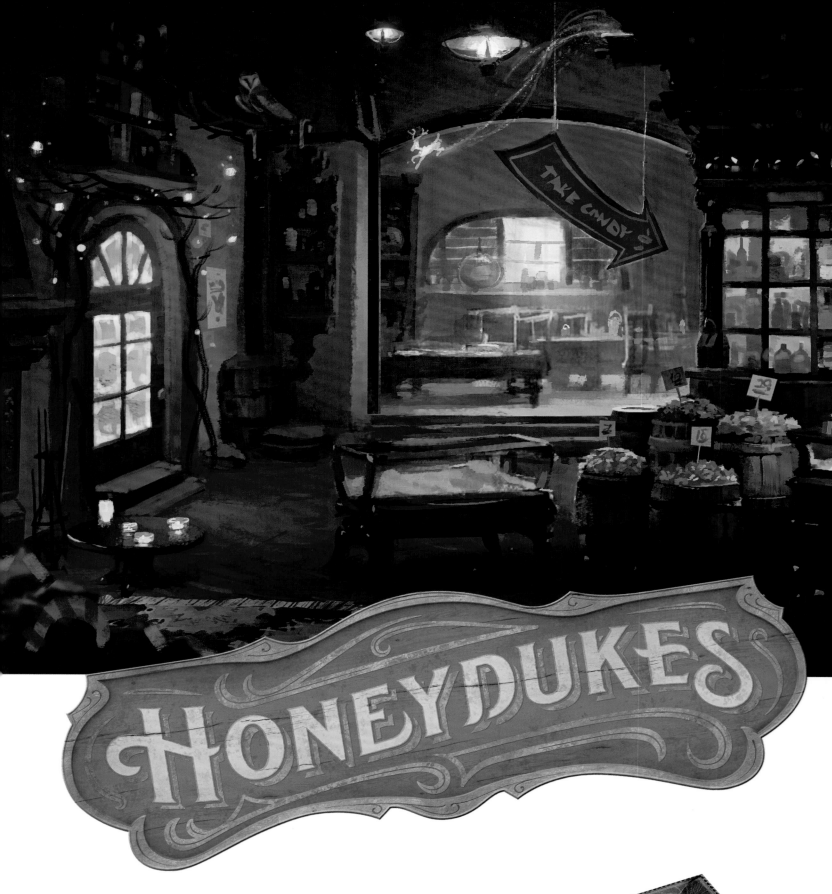

HONEYDUKES

허니듀크스 과자 가게는 호그스미드 마을의 주요 만남 장소다. 가게 안에는 피징 위즈비와 개구리 초콜릿이 잔뜩 진열돼 있다. **패트릭 레딩**이 딸 올리비아와 함께 이 가게를 운영 중이다.

맨 위의 넓게 펼쳐진 그림: 웨스트 스튜디오가 작업한 허니듀크스 초기 콘셉트

옆 페이지: 벤 시몬슨이 작업한 허니듀크스 간판 디자인 / 개구리 초콜릿

왼쪽: BOSI가 작업한 피징 위즈비 사탕, 호박 주스, 스트루델 패스트리

스리 브룸스틱스는 마을 사람들은 물론이고 여행자와 호그와트 마법학교의 교직원, 학생들도 즐겨 찾는 술집 겸 여관이다. 이 가게의 주인 **시로나 라이언**은 사람들에게 인기가 많고 눈치도 빠르다. 이 큼직하고 상징적인 건물은 마을 한가운데에 자리하고 있어서 대부분의 길이 이쪽으로 이어지거나 근처를 지나간다. 이 가게 안팎은 늘 손님들로 붐비고 흥미로운 이야기가 흘러넘친다. 라이언은 좋은 친구와 재미난 수다, 그리고 무엇보다 맛있는 버터비어를 중요시한다. 진심으로 손님들을 보호하려는 마음이라서, 호그스미드 상인들에게 '보호비'를 갈취하려는 빅터 룩우드 같은 양아치에게도 거침없이 맞선다.

옆 페이지 위: 벤 시몬슨이 작업한 스리 브룸스틱스의 간판

옆 페이지 아래: 벤 시몬슨이 작업한 버터비어 광고

위: 벤 시몬슨이 작업한 스리 브룸스틱스의 내부와 바텐더

오른쪽: 벤 시몬슨이 작업한 호그스 헤드 간판

호그스 헤드 술집 겸 여관의 주인 **재스퍼 트라우트**는 최근에 벌어진 범죄들에 대한 정보를 잔뜩 가지고 있다. 바 뒤에 걸려있는 돼지 머리는 무지막지하게 침을 흘린다. 이 가게는 위험한 분위기를 풍기는 골목 끝에 자리하고 있어서, 그림자 진 곳이나 모퉁이 너머에서 금방이라도 불길한 일이 벌어질 것만 같다. 가게 뒤에는 삐걱거리는 부두가 있다. 대체 어떤 자들이 이 부두를 통해 마을을 드나들까?

호그스미드 우체국의 운영자는 **로티 페더바텀**이다. 로티는 호그스미드 마을 안팎에서 일어나는 모든 일에 밀접하게 연결돼 있다. 뭐든 다 아는 척하고, 자기 부엉이들을 무척 아낀다. 포장재를 비롯한 물품들을 즉시 조달한다.

종코의 장난감 가게는 재미있게 놀면서 신나게 웃을 수 있는 곳이다.

위: 배경팀이 작업한 종코의 장난감 가게 외관(인게임 렌더링)

오른쪽: 제이슨 본이 작업한 풍선 포스터 / 벤 시몬슨이 작업한 주먹질하는 망원경 포스터 / 대니 러슨이 작업한 아가미풀 강장제 포스터

옆 페이지 위: 배경팀이 작업한 종코의 장난감 가게 내부(인게임 렌더링)

옆 페이지 아래: 대니 러슨이 작업한 깜짝 장난감 상자와 직각 시점 그림, 자전거를 탄 코끼리 포스터 / 벤 시몬슨이 작업한 종코의 장난감 가게 서까래

168

악기점의 주인 여자는 듣기 좋고 음악적인 목소리를 갖
고 있다. 정신이 딴 데 팔려있고 몽상에 빠져있는 모습을
자주 보인다.

위: 나산 하드캐슬이 작업한 악기
점 외관과 내부

바로 위: 대니 러슨이 작업한 악
기점 외관

왼쪽: BOSI가 작업한 축음기

세리드웬의 솥 가게 주인은 상냥하고 자기 일에 대해 잘 알지만, 지금 하는 일을 약간 지루해하는 듯 보인다. 다른 일을 하고 싶어 하는 것 같기도 하다.

왼쪽: 조슈아 H 블랙이 작업한 솥 가게 내부
바로 아래: 배경팀이 작업한 솥 가게 외부(3D 렌더링)
맨 아래: BOSI가 작업한 솥

스티플리의 찻집 주인은 남편을 잃고 홀로 된 부인이다. 이 부인은 호그와트 학생들 같은 어린 손님들의 방문을 반기고 모두에게 할머니처럼 대해준다. 하지만 함부로 굴지는 말아야 한다! 뻔뻔한 짓을 용납하지 않는 분이니까.

호그스미드의 주민 **노라 트레드웰**은 고고학자이며 멀린 역사학자다. 호그와트 마법학교 시절에 전설적인 마법사 멀린에 대해 관심을 가지게 됐는데, 지금의 아내인 프리야가 노라에게 멀린에 대한 책을 주었다. 노라는 수년 동안 멀린의 유산을 추적했고 이 유명한 마법사에 관한 책을 여러 권 썼다. 노라는 호그와트에서 만난 아내 프리야와 함께 스리 브룸스틱스에서 지내고 있다. 노라가 멀린에 관한 중요한 자료(멀린이 호그와트 주변에 남겨둔 시험들)를 탐사하는 동안 그곳에서 지내기로 한 것이다. 최근에 노라는 멀린의 학창 시절에 관한 책 집필을 마쳤다.

위와 오른쪽: 나산 하드캐슬이 작업한 호그스미드 마을 찻집의 뒷면과 스케치

오른쪽 위: 버네사 파머가 작업한 노라 트레드웰

옆 페이지: 나산 하드캐슬이 작업한 찻집 정면

고지

호그와트 성을 중심으로 사방 수 킬로미터씩 뻗어나간 고지(하일랜드)에는 금지된 숲, 검은 호수처럼 익숙한 지역들이 있다. 플레이어는 그 안으로 깊숙이 들어가 탐험을 할 수 있고, 걷거나 빗자루를 타거나 마법 동물을 타고 늪지, 해안선, 고지대를 여행하며 새로운 모험을 할 수도 있다. 이처럼 다양한 지역에서 플레이어는 마법약 재료를 비롯한 여러 자원을 수집하고, 마법 동물을 구하고, 어둠의 마법사 및 고블린과 맞서 싸우고, 멀린의 시험 같은 마법 퍼즐을 풀면서 멋진 경험을 하게 된다. 보물 금고가 보이면 열어보고 거미 소굴은 피하면서 앞으로 나아간다. 고지는 총 열세 개 지역, 즉 노스 포드 수령, 금지된 숲, 호그스미드 계곡, 호그와트 북쪽 지역, 호그와트 남쪽 지역, 호그와트 계곡, 펠드크로프트 지역, 남해 수령, 포이드시어 해변, 마런윔 호수, 케이프 저택, 크래크로프트샤이어, 클래그마 해변으로 구성된다.

옆 페이지: 버네사 파머가 작업한 어두운 산길
옆 페이지 위: 배경팀이 작업한 수령의 생물군(인게임 렌더링)
위: 버네사 파머가 작업한 계곡의 성

버네사 파머가 작업한 자버놀 숲 / 마이크 매카시가 작업한 금지된 숲 페인트오버

마이크 매카시가 작업한 늪지의 지형지물, 금지된 숲의 작은 생물군

고지에 대한 조사 작업은 스코틀랜드와 그 고지의 이미지 수백 장을 모으는 것에서부터 시작됐다. 가능하면 그 지역에서 성장기를 보내 그곳을 실제로 잘 아는 아티스트와 디자이너 들을 모았다. 세바스티엔 가예고는 "콘셉트 아티스트는 작업에 참고할 자료를 많이 가진 게 제일입니다. 그래야 상상만으로는 도달할 수 없는 진정성을 확보할 수 있어요. 상상과 기억의 바탕은 결국 경험이니까요"라고 말한다. 아티스트들은 자료 조사로 상상의 한계를 넓히고 특징을 과장하며 새로운 아이디어를 추가할 수 있다. 가예고는 "기본 자료를 이해해야 더 창의적인 작업을 할 수 있고, 세부 사항에 대한 걱정 없이 장소 디자인에 힘을 쏟을 수 있습니다! 실제 세상에 기반을 두고 게임 속 풍경을 만드는 게 우리 작업의 핵심이었어요"라고 설명한다.

팀은 스코틀랜드 역사 환경부(HES)와 긴밀히 협력했다. HES는 참고로 쓸 고성과 스코틀랜드 일대의 돌무덤 사진을 보내주었고, 유적지의 3차원 스캔 이미지를 만들 수 있는 혁신적인 기술도 제공해 주었다. 우리는 이런 이미지들을 배경 디자인에 활용했다. 배경 및 지하 시설 아트 수석 마이크 톰슨은 "우리 게임의 해안선과 지하 시설 상당수는 스코틀랜드의 해안가와 그 주변 지역에서 영감을 받았습니다. 물론 책과 영화에서도 많은 부분을 참고했죠"라고 말한다.

플레이어가 마법을 사용해 주변 환경과 상호 작용할 수 있도록 배경을 실감나게 디자인하는 게 중요했다. 톰슨은 "초기에는 참고로 볼 사진들과 애매한 아이디어들뿐이어서 각 배경에 대한 아이디어가 빈약했습니다. 하지만 우리는 협력을 통해 아이디어에 살을 붙여 나갔고 세밀한 부분도 신경 써가면서 지도상에서 위치를 잡아나갔습니다"라고 설명한다.

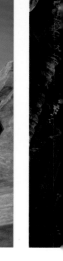

옆 페이지: 배경팀이 작업한 해변
지역(인게임 렌더링)

바로 위: 배경팀이 작업한 양조장
(인게임 렌더링)

왼쪽: 대니 러슨이 작업한 스니젯이
서식하는 나무

고지의 행상들

고지 곳곳에 자리한 행상들은 학생들에게 퀘스트에 도움이 되는 물품을 판매한다. 오랫동안 한자리를 지켜온 행상도 있고 고지 곳곳을 돌아다니는 행상도 있다. 작은 마을의 상점 주인들과 주민들은 고블린, 거미, 밀렵꾼, 애쉬와인더의 공격에 시달리느라 삶이 고달프지만 집과 가게를 치열하게 지키고 있다.

행상들은 여러 장소에 자리 잡고 있으며 사정도 제각각이다. 은퇴한 오러 출신, 세상을 돌아다니며 정착할 곳을 찾는 여행자, 상품을 제대로 파는 방법을 알고 있는지 도통 알 수 없는 젊은 사업가까지 종류도 다양하다.

인디라 울프는 피트 어폰 포드 마을에서 아버지가 하던 마법 동물 부산물 판매점을 물려받아 운영하는 특이한 젊은 여자다. 자기 일에 대해 아직 잘 알지는 못하지만 물려받은 사업을 제대로 해내려고 무척 애쓰고 있다.

파티마 라왕은 직접 전문적으로 만든 마법약을 노점에서 판매한다. 자랄 세미라는 이름을 가진 또 다른 마법약 노점 주인도 있는데, 그는 자기 노점을 찾아온 호그와트 학생들과 온갖 소식과 소문을 주고받는 걸 좋아한다.

고지 여러 곳에 흩어져 있는 작은 마을의 행상들, 주민들은 그 지역에서 활개 치는 범죄자들 때문에 괴로워하면서 어떻게든 해결해 보려 애쓰고 있다. 크랙크로프트 마을의 주민 히아신스 올리비에는 강한 의지와 열정을 가진 여성으로, 룩우드와 애쉬와인더, 밀렵꾼들에게 맞서며 어떻게든 마을 사람들을 도우려 한다.

옆 페이지: 벤 시몬슨이 작업한 카니발 수레와 행상. 다른 채색본

위: 나산 하드캐슬이 작업한 옷, 마법약, 식물을 파는 마을 행상들

바로 위: 벤 시몬슨이 작업한 카니발 수레 행상이 걸어둔 포스터들

고지 탐험

마법 세계에서 마녀와 마법사는 다양한 마법적 이동 수단을 이용해 먼 거리를 쉽게 여행할 수 있다. 호그와트 레거시 게임을 만들면서 개발자들은 플레이어가 광대하게 펼쳐진 세계 곳곳을 이런 이동 수단으로 빠르게 이동할 수 있게 했다.

제일 효과적인 방법은 빠른 이동 체계를 사용하는 것이다. 이런 체계를 만드는 작업을 하면서 팀원들은 두꺼비 조각상, 부엉이 난간 같은 여러 가지 아이디어를 내놓았는데, 플루 불꽃 체계를 활용하는 안으로 최종 결정됐다. 플루 불꽃 체계는 해리 포터 책에 나온 플루 네트워크에서 영감을 받은 것이다. 처음에는 플레이어가 다른 지점으로 이동하려면 굴뚝을 찾아내도록 했다가, 플루 가루를 발명한 이그나샤 와일드스미스의 명판을 이용하는 플루 불꽃 네트워크로 방향이 잡혔다. 플루 불꽃은 호그와트 성, 고지, 호그스미드 마을 곳곳에 자리하고 있다. 한 번 플루 불꽃 위치를 찾아내면 언제든 지도에서 그 위치를 선택해 빠르게 이동할 수 있다.

팀은 플레이어가 호그와트 성 안에서도 순간 이동할 수 있도록 마법 지름길들을 추가해 놓았다. 이런 비밀 장치를 찾아내다 보면 호그와트 성의 마법적 매력을 한층 더 잘 느낄 수 있다.

빗자루 비행도 마법 세계에서 큰 비중을 차지한다. 마녀와 마법사는 마법에 걸린 빗자루를 타고 한 장소에서 다른 장소로 자주 이동한다. 따라서 우리는 호그와트 레거시 게임 안에 빗자루 아이템을 넣어 중요한 역할을 하도록 했다. 게임을 시작할 무렵 플레이어는 비행 수업에 참석해 빗자루 다루는 방법을 배우게 된다. 그런 후에는 딱딱한 수업이 아니라 친구들과 경주하고 재미있게 놀면서 비행 기술을 완전히 익히게 된다. 디자이너들은 플레이어가 취향대로 맞춤 제작할 수 있도록 다양한 빗자루들을 만들어 놓았다.

팀은 그 외에도 탈것들을 개발해 게임에 추가했다. 켈리 머피는 "플레이어들이 마법 세계에 대해 생각할 때 '정말 멋진' 순간으로 기억될 만한 경험이 필요할 것 같았어요. 히포그리프를 타고 날아다니거나 그래폰을 타고 달려가는 것 자체가 판타지적인 경험이니 관심이 갈 수밖에 없죠. 이렇게 탈것을 확보하면 퀘스트 두 개가 완료됩니다. 우리는 게임 내에서 잠깐씩 타보고 마는 게 아니라 체계적인 탈것으로 만들어 보기로 했어요. 플레이어에게도 멋진 경험이 될 테고, 다른 플레이어들과 나눌 얘기도 많아질 테니까요"라고 말한다.

이런 탈것들을 언제 어떻게 선택할 수 있느냐에 대해 머피는 "미션 진행 여부에 달려 있습니다. 일단 히포그리프를 타거나 그래폰을 타고 나면 체계적으로 잠금 해제할 수 있어요. 빗자루, 히포그리프, 그래폰이라는 세 가지 선택지를 놓고 우리는 빗자루를 제일 먼저 잠금 해제하는 게 최선이라고 판단했습니다. 아무래도 플레이어가 이 게임에서 제일 기대하는 게 빗자루 타고 날기일 테니까요. 플레이어는 빗자루를 제일 먼저 탈 수 있고, 그래폰은 이야기 후반 퀘스트에 배정되어 있으니 맨 마지막으로 탈 수 있습니다"라고 설명한다.

바로 위: 대니 러슨이 작업한 빠른 이동을 위한 명판

옆 페이지 왼쪽: 버네사 파머가 작업한 이그나샤 와일드스미스

옆 페이지 오른쪽: 나산 하드캐슬이 작업한 나이트 댄서, 에어로맨서, 문 트리머 빗자루

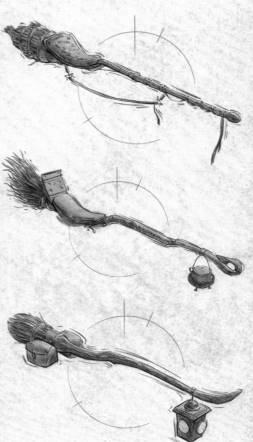

특별 활동

플레이어는 메인 퀘스트와 보조 퀘스트, 수업 과제를 바삐 이행하면서 특별 활동에도 참여한다. 도전적인 일이나 기분 전환을 좋아하는 플레이어를 위한 특별 활동이 잔뜩 준비돼 있다. 플레이어는 마법 세계 곳곳에서 정해진 길을 벗어나 다양한 퍼즐, 시험, 사건을 체험할 수 있다.

이런 활동을 설정하고 개발하려면 무수히 반복되는 작업을 오랫동안 하게 된다. 퍼즐 만들기의 시작은 브레인스토밍과 종이에 직접 디자인하기다. 여기서 승인이 나면 프로토타입을 만들어 게임에 넣어보고 플레이어들이 재미를 느낄 수 있을 때까지 미세하게 조정한다. 얼마나 복잡한 퍼즐이냐에 따라 프로토타입을 여러 개 만들어야 할 수도 있다. 승인된 프로토타입을 게임에 넣어보고 디자인과 아트 작업을 수없이 반복 진행한다. 완전히 승인이 나서 최종적으로 게임에 들어가기까지 몇 번 더 반복 작업을 할 수도 있다.

앤드류 헤이스는 "레벨 디자이너들에게 시작 단계부터 '가능성을 탐색해 보도록' 격려했습니다. 아씨오나 디펄소 같은 주문으로 뭘 할 수 있을까? 퍼즐을 풀기 위해 마법 세계에서 어떤 물건을 찾아야 할까? 같은 질문을 던져보는 것이죠. 오픈 월드 게임이지만 우리는 마법과 퍼즐에 체계적으로 접근하면서, 플레이어의 선택에 따라 물리적이고 직관적으로 반응하는 세상을 만들려고 노력했습니다"라고 말한다.

퍼즐을 만들어 게임 안에 배치하고 당장 플레이할 수 있게 해놓은 후에도 본격적인 시작 전에 고려해야 할 점이 많았다. 헤이스는 "우리가 먼저 직접 플레이해 본 후, 다른 사람들이 플레이하면서 어떻게 반응하는지 지켜봤습니다. 플레이어가 퍼즐의 요소를 잘 이해하고 있나? 그다음에는 뭘 해야 할지 직관적으로 알아내고 있나? 그렇지 않다면 플레이어가 좀 더 잘 이해할 수 있도록 우리가 뭘 어떻게 해야 할까? 같은 질문을 속으로 던졌죠. 퍼즐 요소는 이해할 만한데 퍼즐이 플레이어에게 뭘 어떻게 하라고 요구하는지 이해하기 힘들 때도 있었습니다"라고 설명한다.

퍼즐을 풀기 위해 너무 많은 단계를 거치거나 버튼 조합이 너무 복잡할 때도 있었고, 콘셉트 자체를 이해하기 어려울 때도 있었다. 이럴 때는 퍼즐을 단순화해야 해야 한다. 아니면 이 퍼즐을 풀기 위해 플레이어가 시간을 얼마나 들여야 하는지, 퍼즐 푸는 방식과 이유를 플레이어가 이해하는지를 고려해야 한다.

헤이스는 "게임에 대한 통제가 어느 정도 제한되어 있는지, 게임 카메라가 플레이어의 동작에 적절하게 응하고 있는지도 중요합니다. 처음부터 답을 쉽게 주지 않고, 이런 요소들이 어우러져 플레이어가 퍼즐을 푸는 데 필요한 정보를 제공하는 거죠. 해결 방법을 슬쩍 보여주거나 플레이어가 특정한 물건이나 장소로 시선을 돌리도록 아트, 소리, 사용자 인터페이스를 적용해 유도할 때도 있습니다"라고 말한다. 이런 작업을 위해 여러 팀이 머리를 맞대고 노력했다.

맨 위: 나산 하드캐슬과 버네사 파머가 작업한 나방

바로 위: 나산 하드캐슬이 작업한 나방 모양 벽 저장소

호그와트 레거시처럼 규모가 크고 복잡한 게임인 경우 플레이어가 통합적인 경험을 할 수 있으려면 수백 가지 시스템을 함께 작동시켜야 한다. 선임 프로듀서 켈리 몬드래건은 "게임에 들어갈 장치를 만들기 시작할 때마다 그 장치가 게임의 다른 영역에 미칠 영향도 고려해야 했습니다. 마법 세계에 어떤 식으로 표현될지도 신중하게 정해야 했죠. 우리가 한 결정과 고민의 흔적이 게임 곳곳에 스며있습니다"라고 말한다.

게임 개발이 진행됨에 따라 레벨, 게임 플레이 장치, 서사 요소 들도 발전하기 때문에 팀은 어떤 게임 플레이 요소들을 최종적으로 게임에 반영할지를 놓고 신중하게 결정해야 했다. 헤이스는 "어떤 퍼즐은 게임에 더 이상 맞지 않기도 했습니다. 그런 경우 자연히 도태되기 때문에 최고의 퍼즐은 남고 맞지 않는 퍼즐은 삭제되죠. 어떤 자리에는 필요 없어진 퍼즐이지만 게임의 다른 자리에는 어울리기도 해서 위치를 옮기기도 했습니다"라고 말한다.

그들은 작업을 진행하면서 계속 검토를 진행했다. 헤이스는 "여러 사람이 퍼즐의 다양한 측면들을 살피면서 장치와 퍼즐을 평가하고 폭넓은 피드백을 하게 했습니다. 어떤 식으로 작용하는지, 얼마나 알아보기 쉬운지를 확인하고 조정하는 것이죠. 우리가 정말 멋지다고 생각했던 퍼즐이 이런 검토 과정에서 탈락할 때도 있었어요. 결과적으로 거의 모든 퍼즐이 변화를 거쳤는데 아주 크게 바뀐 경우도 있었습니다"라고 설명한다.

다양한 프로토타입과 예시가 만들어졌다. 헤이스는 "퍼즐을 하나하나 검토하면서 어떤 퍼즐은 훌륭하고 어떤 퍼즐은 그렇지 않다고 결정을 내리는 일은 참 가슴 아픈 과정입니다. 창의적인 작업을 하다 보면 으레 그렇듯 편집실 바닥에는 그렇게 탈락한 보석들이 떨어져 있게 되죠. 물론 그런 보석들은 다음 프로젝트에 쓰일 수도 있습니다"라고 말한다.

그는 "게임에 들어갈 퍼즐을 개발하는 일은 원래 쉽지 않아요. 종이에 적은 아이디어들이 예상한 만큼 게임 세상에 잘 어울리지 않을 때도 많거든요. 호그와트 레거시의 지하 시설을 예로 들자면, 우리는 플레이어의 흥미를 불러일으키고 재미를 주고 도전 의식을 자극하는 퍼즐을 만들고 싶었습니다. 해리 포터의 마법적 감각을 빌려다 쓰고 싶은 심정이었어요"라고 덧붙인다.

플레이어가 흥미로워할 만한 활동들을 적당한 밀도로 채워 넣는 일은 오픈 월드 게임에서 상당히 중요하다. 켈리 몬드래건은 "우리는 게임의 모든 지역에서 직접 수없이 플레이하면서 테스트했습니다. 너무 쉬워서 플레이어가 지루해하거나 불만스러워하지 않도록, 그렇다고 너무 어려워서 포기하지 않도록 해야 했죠. 균형을 맞추는 게 참 까다로웠어요"라고 말한다.

퍼즐 디자인에 대한 영감을 얻기 위해 우리 팀은 영화와 책에 많이 의존했다. 헤이스는 "하지만 다들 기존의 틀에 얽매이지 않고 마법 세계에 우리만의 표식을 남기고 싶어 했어요. 물론 책이나 영화에는 참고로 할 만한 자료가 많았죠. 예를 들어, 해리 포터가 다이애건 앨리로 들어갈 때 벽돌 벽이 열리는 장면을 보면서, 그런 부분을 퍼즐로 풀어내면 어떨까 생각했어요. 게임에서 벽돌이 쫙 열리면서 문이 나타나면 플레이어는 환각을 겪는 듯한 기분이 들 테니까요"라고 설명한다.

팀원들은 원래 비디오 게임은 물론이고 다양한 게임을 즐기는 사람들이다. 헤이스는 "그런 영향도 있겠지만 팀에 창의력이 뛰어난 사람들이 있어서 우린 참 운이 좋았습니다. 덕분에 흥미진진한 퍼즐과 아이디어를 생각해 내고 게임 안에서 실현해 냈으니까요"라고 말한다.

호그와트 레거시에 들어있는 여러 퍼즐 중에서 멀린의 시험은 단연 돋보인다. 고지 전역에 퍼져있는 이 퍼즐을 풀려면 주문을 써서 여러 개의 횃불에 불을 붙이거나 바윗덩어리들을 이동시켜 문양을 맞춰야 한다. 켈리 머피는 "우리는 딱히 별다른 서사가 깃들여 있지 않은 소소한 퍼즐들을 고지에 배치해서 플레이어가 주문을 사용하게 만들고 싶었어요. 처음에는 스핑크스의 수수께끼 같은 방식으로 하려고 했는데 생각해 보니 스코틀랜드 분위기에 어울리지 않겠더라고요. 멀린을 활용하는 콘셉트보다 나을 것 같지도 않았죠. 우리 팀은 유명한 마법사인 멀린이 플레이어들에게 더 익숙하게 느껴질 거라고 봤어요"라고 말한다.

개발자들은 세 가지 종류의 사건을 호그와트 레거시에 넣기로 했다. 그냥 주변에서 일어나는 사건, 상호 작용하는 사건, 그리고 적과 맞닥뜨리는 사건이다. 이런 사건들은 호그와트 성, 호그스미드 마을, 그리고 넓은 세계에서 언제든 일어날 수 있다. 몬드래건은 "주변에서 일어나는 사건은 대부분 비주얼에 치중해 있고 주변 세계를 생생하게 만들어 주는 효과가 있습니다"라고 설명한다. 상호 작용하는 사건에 플레이어는 다양한 방식으로 참여할 수 있다. 적과 맞닥뜨리는 사건은 말 그대로 '사건'이다. 플레이어는 적을 피하든지 아니면 싸울 준비를 해야 한다.

몬드래건은 "플레이어들은 호그와트 성과 호그스미드 마을에서 하는 게임을 주로 생각하지만, 고지로 모험을 나가면 온갖 흥미로운 장소들을 방문하면서 다양한 활동을 할 수 있습니다. 마법 동물 서식지, 비밀 금고, 고대 마법 폐허, 작은 마을들, 어둠의 마법사가 사는 성, 천문학 테이블, 식물 재료, 빗자루 활동 등 볼거리가 넘쳐납니다!"라고 조언한다. 플레이어는 호그와트 레거시 게임을 하면서 다양한 탐험을 즐길 수 있다.

헤이스는 "고지에는 아직 누군가의 손길이 닿지 않은 곳도 많습니다. 구석구석에 작은 장식처럼 마법이 숨겨져 있죠. 소박한 장소에 재미있고 놀라운 퍼즐들이 자리하고 있기도 해요. 플레이어는 디펄소 주문으로 문을 열거나 상자를 공중에 띄워 퍼즐을 풀면 됩니다. 이런 퍼즐들은 억지스럽지 않게 등장해서 플레이어가 머리를 쓰게 만들죠. 플레이어가 퍼즐이라고 인식하지 않는 게 최고의 퍼즐일 겁니다. 마법 세계를 탐험하는 도중에 맞닥뜨리는 마법 장치 정도로만 인식하는 거죠"라고 설명한다.

위: 배경팀이 작업한 멀린의 시험 (인게임 렌더링)

옆 페이지 아래 왼쪽: 버네사 파머가 작업한 멀린의 정자

옆 페이지 아래 오른쪽: 버네사 파머가 작업한 마법사 카드

CHAPTER 4

호그와트 레거시의
마법 동물들

마법 동물들은 게임에 진정성과 마법을 부여하는 역할을 한다. 마법 동물은 뉴트 스캐맨더가 전설적인 책 《신비한 동물 사전》을 쓴 후로는 '마법 생명체'라 불리지만, 호그와트 레거시의 배경은 아직 그 정도로 진보하지 못한 시대라 '짐승' 내지는 '마법 동물'이라 불린다. 플레이어는 필요의 방에서 마법 동물들을 기르고 돌보면서 이 프랜차이즈에서 특별히 좋아하는 마법 동물들에게 애정을 쏟을 수 있다.

모이라 스콰이어는 "우리는 고유의 특징을 갖고 있으면서 게임 스토리와도 부합하는 마법 동물들을 만들어 게임에 넣고 싶었어요. 그러려면 용은 꼭 있어야 했죠. 불사조나 세스트럴이 없는 마법 세계 게임이 무슨 의미가 있겠어요? 퍼프스킨, 니즐 같은 마법 동물들은 재미도 주고 익숙한 느낌을 자아내기 위해 넣었습니다. 찾아내기 무척 어려운 진귀한 마법 동물 그래폰도 장엄한 서사시적 느낌을 위해 넣었어요"라고 말한다.

우리 팀은 해리 포터 책과 다양한 인쇄물 버전으로 나온 《신비한 동물 사전》부터 들여다보며 마법 동물 관련 자료를 수집했다. 그렇게 얻은 정보를 영화에 등장하는 마법 동물들의 모습과 비교했다. 세바스티엔 가예고는 "책과 영화에 나오는 마법 동물들은 꽤 비슷한 느낌이었어요. 그래도 우리가 융통성을 발휘할 여지는 많아 보였죠"라고 말한다.

마법 동물 제작은 기본적인 형태를 잡는 일부터 시작한다. 윤곽을 만들고 세부적인 표현으로 들어가야 한다. 콘셉트 아티스트들은 해부학적 구조를 세심히 고려하고, 창의성과 열정을 더해 환상적인 느낌이 나도록 만들었다. 가예고는 "비디오 게임의 경우 플레이어는 저 멀리 보이는 게 무엇인지 즉각 알 수 있어야 합니다. 특히 적인지 아닌지를 바로 구분할 수 있어야 해서, 윤곽을 명확하고 강하게 만들어야 하죠. 크기를 키우고 줄이는 건 우리 디자이너들에겐 문제 될 게 없고요"라고 설명한다. 마법 동물들은 마법 세계의 일부이지만 영화에는 많이 등장하지 않아서 아티스트들은 창의적으로 재미있게 작업할 수 있었다. 가예고는

"예를 들어 더그보그는 거대한 개구리와 도마뱀을 섞은 것 같은 모습입니다. 입과 이빨이 큼직하고 등에는 나뭇가지가 자라죠. 우리가 그런 동물을 평소에 디자인해 볼 일은 별로 없잖아요!"라고 말한다.

플레이어의 적인 어둠의 마법 동물로는 인페리우스, 거미, 트롤, 늑대가 있다. 타일러 리버트는 "보는 것만으로도 오싹해지는 동물들이죠. 소름을 유발하기 위해 이런 동물들에게는 현실적인 질감을 입혔습니다"라고 말한다.

거미를 만드는 것도 흥미로운 도전이었다. 디자이너들은 이 게임의 거미를 단순히 몸집만 큰 평범한 거미로 만들고 싶어 하지 않았다. 가예고는 "마법 동물처럼 보이게 하는 것이 우리 목표였습니다. 베네무스 거미를 디자인할 때는 기존 독거미의 모습을 바탕으로 게의 질감을 입히고 다리 같은 디자인 요소를 추가했죠"라고 설명한다.

어둠의 마법 동물들과는 달리 '착한' 마법 동물들의 경우에는 질감을 부드럽고 풍성하게 해서 플레이어가 그 동물을 우호적으로 인식하게 했다. 반면에 인페리우스 같은 경우, 반투명한 피부에 얇은 혈관을 가진 몸에 낡고 너덜너덜한 옷을 입혀서 무시무시한 느낌을 풍기도록 했다.

'신비한 동물 사전'의 뉴트 스캐맨더처럼 플레이어는 포획 자루를 잠금 해제해서 사용할 수 있다. 포획 자루로 야생에서 마법 동물들을 구출한 다음, 필요의 방을 통해 안전한 사육장으로 데려가는 것이다.

마법 동물들을 잘 길들이고 돌본 플레이어는 필요의 방에서 그동안 수집한 아이템들로 더 나은 장비를 제작할 수 있다. 필요의 방에서 프우퍼의 깃털 같은 마법 재료들을 마법 베틀로 가져가 장비 개선에 사용할 수 있는 것이다. 개선된 맞춤 제작 장비는 플레이어의 전투 능력을 높여준다.

188-189페이지: 마이크 매카시가 작업한 고대 그래폰

옆 페이지: 캐릭터팀이 작업한 숲 트롤 스컬프트, 강 트롤 스컬프트, 트롤들(3D 렌더링)

위: 대니 러슨이 작업한 히포그리프 필드 가이드 그림

마법 동물들

호그와트 레거시의 마법 세계에는 여러 마법 동물들이 살고 있다. 일부 마법 동물을 구출해서 필요의 방에서 기를 수 있는데, 깃털이나 털 같은 마법 동물의 부산물은 장비 개선과 마법약 제조에 사용된다. 어떤 마법 동물은 무척 공격적이라 싸워서 이겨야 한다.

커다란 눈과 소심한 성격이 특징인 **문카프**는 특이하면서 귀여운 마법 동물이다. 당연히 야행성이며, 접시처럼 커다란 눈이 언제나 달을 향해 위를 올려다보도록 진화했다. 프레리도그와 비슷하게 무리 지어 산다.

빌리위그는 머리 위의 날개가 빙글빙글 돌아가며 날기 때문에 마치 밝고 알록달록한 헬리콥터처럼 보인다. 빌리위그의 침에 쏘이면 어지러워지고 몸이 공중에 붕 뜬다. 말린 빌리위그의 침은 해독제, 머리카락 곤두세우기 마법약 제조에 사용된다.

위에서 왼쪽: 라이언 우드가 작업한 문카프 초기 콘셉트
위에서 오른쪽: 벤 시몬슨이 작업한 문카프 콘셉트
바로 위: 캐릭터팀이 작업한 빌리위그(3D 렌더링)
왼쪽: 문카프 새끼
옆 페이지: 버네사 파머가 작업한 문카프 서식지 / 캐릭터팀이 작업한 문카프(3D 렌더링)

불사조는 우아하고 아름다우며 진귀한 새로, 기묘하고 강력한 마법을 갖고 있다. 가장 똑똑하고 위대한 마법사만이 불사조의 충성심을 얻을 수 있다. 호그와트 레거시 게임에서 불사조는 딱 한 마리뿐이다.

퍼프스킨은 둥글고 털이 보송보송한 마법 동물이다. 껴안기에 좋을 만큼 부드럽지만 휙휙 던져도 괜찮을 만큼 튼튼하다. 거의 모든 걸 먹는데 특히 좋아하는 먹이는 코딱지다. 마법사 가정에서 흔히 키우는 가정용 반려동물이다.

디리코울은 통통하고 솜털처럼 부드러우며 날지 못하는 새다. 위험을 피하기 위해 사라졌다가 다시 나타날 수 있는 독특한 능력이 있다. 머글들도 한때는 이 새를 알았고 '도도새'라고 불렀는데, 지금은 멸종한 것으로 믿고 있다.

옆 페이지 위: 조슈아 H 블랙이 작업한 불사조 성체와 불사조 새끼

옆 페이지 아래: 버네사 파머가 작업한 불사조 둥지

위: 세바스티엔 가예고가 작업한 퍼프스킨 / 마이크 매카시가 작업한 분홍색과 얼룩무늬 퍼프스킨

오른쪽: 다미안 부즈베가 작업한 디리코울 새끼 / 캐릭터팀이 작업한 디리코울(3D 렌더링)

니플러는 설치류처럼 생긴 마법 동물로 긴 주둥이가 있고
온몸이 짙은 색 털로 뒤덮여 있다. 금덩어리든 단추든 상
관없이 반짝이는 물건을 좋아해서 그런 물건을 발견하면
배에 붙은 주머니에 넣어 숨긴다. 반짝거리는 물건이라면
환장하는 바람에 아수라장을 만들기도 한다.

골든 스니젯은 둥글고 통통하며 황금색인 몸을 가졌다. 퀴디치의 전신인 스포츠 경기에 사용된 바 있다. 남획으로 인해 개체수가 심각하게 줄어들자 이 새를 대신할 골든 스니치가 발명됐다. 현재 보호종으로 취급받고 있다.

맨 위 왼쪽부터 시계 방향으로: 배경팀이 작업한 니플러의 둥지(3D 렌더링) / 마이크 매카시가 작업한 니플러 새끼 / 캐릭터팀이 작업한 골든 스니젯(3D 렌더링) / 세바스티엔 가예고가 작업한 스니젯 새끼 / 나산 하드캐슬이 작업한 자버놀 / 벤 시몬슨이 작업한 니플러

자버놀은 반점이 있는 작고 파란 새다. 죽음을 맞이할 때까지 아무 소리도 내지 않으며, 죽을 때는 살면서 들어온 모든 소리를 내뱉는다.

니즐은 고양이처럼 생긴 마법 동물로 큰 귀와 깃털 꼬리를 가지고 있다. 공격적인 성격이지만 마음에 드는 마녀나 마법사를 만나면 특별한 반려동물이 되어준다. 머리가 아주 좋고, 수상하거나 믿음이 가지 않는 사람들을 탐지하는 능력이 있다.

히포그리프는 자존심이 강한 마법 동물이다. 몸의 앞쪽 반은 독수리이고 뒤쪽 반은 말이라서, 하늘을 날 수도 있고 땅에서 뛰어다닐 수도 있다. 쉽게 감정이 상하는 편이다. 히포그리프를 만나면 반드시 예의를 지켜야 하는데 특히 첫 만남 때 꼭 그래야 한다. 공손하게 절을 하고 나서 히포그리프가 다가올 때까지 기다려야 한다. 히포그리프는 예의를 다한 사람에게 충성하며 유용한 동맹이 되어준다.

위: 벤 시몬슨이 작업한 니즐
오른쪽: 마이크 매카시가 작업한 히포그리프 새끼 / BOSI가 작업한 히포그리프
옆 페이지 위에서부터 아래로: 캐릭터팀이 작업한 히포그리프 새끼 / 배경팀이 작업한 비행 중인 히포그리프. 지상에 있는 히포그리프(인 게임 렌더링)

켄타우로스는 상반신은 사람이고 하반신은 말이며, 숲에서 무리 지어 생활한다. 활쏘기, 점술, 천문학 실력이 뛰어나며 대체로 인간들을 믿지 않는다. 마법 동물들을 특별히 보호하며, 밀렵꾼 패거리와 관련 있다고 여겨지는 인간에게는 위협적인 태도를 보인다.

그래폰은 몸집이 크며 산에 서식한다. 튼튼한 가죽과 두 개의 날카로운 뿔을 가지고 있다. 공격적인 성격으로 유명하며, 드물지만 마녀나 마법사와 친구가 되기도 한다.

위: 라이언 우드가 작업한 그래폰의 얼굴 콘셉트
아래: 캐릭터팀이 작업한 앉아있는 그래폰 새끼 스컬프트
옆 페이지: 캐릭터팀이 작업한 켄타우로스 엘렉(3D 렌더링)

거대 보라색 두꺼비는 큼직한 마법 두꺼비다. 부산물인 사마귀는 마법약 제조에 쓰인다.

더그보그는 늪지에 서식하며, 지느러미가 있는 앞발로 늪지의 흙을 헤치고 돌아다닌다. 움직이지 않고 가만히 있으면 나무토막처럼 보인다. 날카로운 이빨로 맨드레이크를 씹어 먹는 걸 좋아한다.

옆 페이지 위: 캐릭터팀과 배경팀이 작업한 거대 보라색 두꺼비의 우리(3D 렌더링)

옆 페이지 아래: 조슈아 H 블랙이 작업한 더그보그 / 캐릭터팀이 작업한 더그보그 스컬프트

왼쪽: 마이크 매카시가 작업한 땅요정 3D 페인트오버와 땅요정 스케치

아래: 세바스티엔 가예고가 작업한 정원의 땅요정 콘셉트

땅요정은 정원에 서식하는 흔한 유해 동물이다. 정원사들은 땅요정을 잡고 어지러워할 때까지 빙빙 돌린 뒤 정원 담장 너머로 휙 던져 없앤다.

왼쪽, 아래: 캐릭터팀이 작업한 유니콘 서식지, 프우퍼 성체와 프우퍼 새끼(3D 렌더링)

옆 페이지 위: 라이언 우드가 작업한 세스트럴 콘셉트

옆 페이지 중간: 캐릭터팀이 작업한 세스트럴 스컬프트

옆 페이지 아래: 조슈아 H 블랙이 작업한 세스트럴 새끼

유니콘은 평화를 사랑하고 소심하며 아름답다. 말처럼 생겼는데 머리에 나선형으로 길게 뻗어나간 뿔이 나있다. 유니콘의 새끼는 반짝이는 금색 털로 뒤덮여 있다고 알려져 있다. 유니콘의 피와 뿔, 털은 대단히 귀중한 마법 재료다.

프우퍼는 선명한 색깔의 깃털을 가진 새다. 프우퍼의 깃털로 품질 좋은 깃펜을 만들 수 있다. 프우퍼의 노랫소리는 사람을 미치게 만드는 것으로 알려져 있으니, 프우퍼에게 침묵 마법을 걸어놓는 게 좋다.

세스트럴은 날개 달린 말처럼 생겼으며 한 번 보면 잊을
수 없는 모습이다. 죽음을 목격한 사람의 눈에만 보인다.
생김은 험악한데 성격은 아주 온순하다.

어둠의 마법 동물들

인페리우스는 어둠의 마법으로 부활시킨 시체다. 괴기하고 섬뜩한 모습을 하고 있으며 대단히 위험하다. 게임 속 어두운 장소에서 볼 수 있는데 상대하기 어려운 적이다.

거미는 다양한 크기로 나오는데 제일 큰 것은 거대한 애크로맨툴라로 인간에 버금가는 지능이 있다. 눈이 여덟 개이고 다리 길이가 4.5미터에 달하며 땅에 거미줄을 쳐놓는다.

트롤은 별로 친절하지 않고, 대부분 별로 똑똑하지도 않다. 온몸에 사마귀, 흠집, 부스럼이 가득한 이 거대한 생물은 조악한 언어로 말을 할 수 있다. 몸집이 제일 크고 사나운 종류는 산에 사는 산트롤이다. 트롤을 쓰러뜨리려면 장비, 주문, 마법약을 적절하게 사용해야 한다.

위와 오른쪽: 캐릭터팀이 작업한 늑대들(3D 렌더링), 인페리우스(3D 컴포지트)

옆 페이지 위와 아래: 대니 러슨이 작업한 가시등 거미(3D 페인트오버) / 콘셉트팀이 작업한 여족장 베네무스 / 캐릭터팀이 작업한 갑옷 입은 트롤(3D 렌더링)

용

헤브리디스 블랙

헤브리디스 블랙은 온몸이 검은 비늘로 뒤덮여 있고 등에
는 등마루가 있다. 고향인 스코틀랜드 헤브리디스 제도의
높고 험준한 바위투성이 산의 모습을 닮았다. 이런 외모를
이용해 거친 지형에서 눈에 띄지 않도록 위장한 채 먹이를
기다리는 습성이 있다. 헤브리디스 제도에서 오랫동안 살
아온 맥퍼스티 마법사 가문은 수백 년째 헤브리디스 블랙
품종을 관리하고 교배하는 일을 해오고 있다.

위: 캐릭터팀이 작업한 헤브리디스
블랙(3D 렌더링)

옆 페이지 중간: 캐릭터팀이 작업
한 헤브리디스 블랙 스컬프트

옆 페이지 맨 위와 아래: 대니 러슨
이 작업한 헤브리디스 블랙 스케치
와 일러스트

아래: 대니 러슨이 작업한 헤브리
디스 블랙 스케치

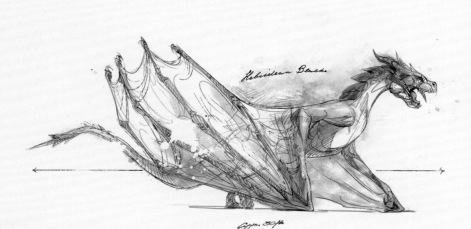

헝가리 혼테일

헝가리 혼테일은 불을 뿜는 능력이 있어 제일 위험한 용으로 알려져 있다. 뭉툭하고 매처럼 생긴 머리, 발톱 달린 거대한 날개, 커다란 발톱이 있는 두 다리, 머리부터 꼬리까지 이어지는 가시돌기, 꼬리 끝의 작은 침으로 뒤덮인 창모양 침이 특징이다. 인간에게 대단히 공격적이다.

웨일스 그린

웨일스 그린은 몸집이 작은 용 품종 중 하나다. 화나게 하거나 놀라게 하면 공격하지만 평소에는 인간을 피하는 편이다. 웨일스 그린이라는 이름은 고향인 웨일스와 선명한 그린 색(초록색)을 띤 몸에서 따온 것이다. 몸이 초록색이라 고향의 무성한 풀숲에 숨기 알맞아서 좋아하는 먹이인 양을 사냥할 때 유리하다. 특이하게도 음악적인 울음소리를 내며 가늘고 긴 불길을 내뿜는다.

옆 페이지 위: 캐릭터팀이 작업한 헝가리 혼테일(3D 렌더링)

옆 페이지 아래: 나산 하드캐슬이 작업한 헝가리 혼테일 채색 스케치

위: 버네사 파머가 작업한 웨일스 그린

오른쪽: 캐릭터팀이 작업한 웨일스 그린(3D 렌더링)

마법 동물들을 살아 움직이게 만들기 —·✕·——

호그와트 레거시에는 사랑스러운 문카프, 고양이 같은 니즐, 무시무시한 거미, 인페리 우스, 위풍당당한 불사조, 강력한 용을 포함해 다양한 종류의 마법 동물들이 등장한다. 마법 동물들을 디자인하고 개발하는 일은 쉽지 않았다. 애니메이터들이 마법 동물들을 살아 움직이도록 만든 애니메이션 작업도 마찬가지였다.

애니메이션팀은 본격적인 작업에 들어가기에 앞서 마법 동물들의 개성, 게임 내에서 의 존재 목적, 각 동물에게 요구되는 바를 파악해야 했다. 적대 세력 애니메이션 수석 매 트 딥은 "영화에 등장한 마법 동물인 경우, 영화 속 모습을 중점적으로 연구했습니다"라 고 말한다. 애니메이터는 클립들을 편집해서 원하는 시퀀스를 대강 만들어 보거나 실제 움직임을 좀 더 잘 이해할 수 있도록 움직임을 시연해 본다.

계획을 수립하고 나면 팀은 모션 캡처 과정에 돌입한다. 배우의 움직임을 디지털 녹화 하는 작업인데, 이 작업을 마치면 특별한 소프트웨어로 정교하게 다듬는다. 아니면 대부 분의 마법 동물들의 경우에 그랬듯이, 팀은 구할 수 있는 자료를 대강 모아서 움직임을 만들어 본다. 딥은 "마법 동물의 모습을 프레임 단위로 잡는 과정인데, 현실적이고 개연 성 있는 느낌을 주기 위해 최대한 현실 자료를 많이 사용합니다"라고 설명한다.

애니메이션 수석 조 퍼시벌은 "우리는 인간 애니메이션 자원의 제작 속도를 높이기 위 해 모션 캡처를 사용했습니다. 우리가 직접 모션 캡처 수트를 입고 움직임을 만들 때도 자주 있었죠. 기술이 많이 좋아져서 모션 캡처를 잘만 하면 원하는 목표의 70에서 80퍼 센트까지는 나와주기 때문에 그 자료를 가지고 움직임을 좀 더 강조하는 식으로 편집 작 업을 하게 됩니다"라고 설명한다.

인간 애니메이션은 모션 캡처를 이용해 작업 속도를 높일 수 있는 반면에 마법 동물 애니메이션은 그럴 수가 없다. 퍼시벌은 "마법 동물의 경우, 현실 세계에 훈련된 용이나 더그보그, 세스트럴이 없으니까 대부분 손으로 애니메이션 작업을 해야 했습니다. 시간 이 훨씬 많이 걸렸어요. 팔다리가 인간보다 많고 꼬리까지 있으면 시간이 더 걸렸죠. 그 래도 애니메이터 입장에서는 마법 동물의 움직임과 행동을 결정하고 디자인하면서 창 의력을 발휘할 여지가 많아서 재미있었습니다"라고 말한다.

켄타우로스의 경우처럼 이 두 가지 방법을 모두 사용해야 할 때도 있다. 퍼시벌은 "우 리는 인간 뼈대와 전통적인 말 뼈대를 결합해서 썼습니다. 제가 '결합'이라는 용어를 썼 는데 이 두 가지 뼈대가 별개라서, 인간 부분은 모션 캡처하고 말 부분은 손으로 애니메 이션 작업을 했죠. 기술을 활용한 뼈대 구성으로 두 애니메이션을 한 캐릭터로 만들면서 마야 소프트웨어로 작업한 거죠. 대단한 뼈대 작업이었어요!"라고 말한다.

용을 만드는 작업도 상당히 까다로웠다. 퍼시벌은 "날개와 긴 목, 꼬리를 제대로 기능 하게 하려면 제어해야 할 부분도 많고 뼈대 구성이 복잡했습니다"라고 말한다. 현실에는 체중이 10톤이나 나가면서 하늘을 날아다니고 빠르게 움직이면서 불을 뿜는 동물이 없 어서, 팀은 기존 용에 관한 자료와 공룡, 영화와 게임의 애니메이션, 박쥐·새·코끼리 관련 비디오 영상을 참고했다. 딥은 "게다가 용은 우리 게임에서 제일 무거운 뼈대라서 다른 캐릭터에 비해 애니메이터들이 컨트롤해야 할 부분이 더 많았어요"라고 말한다.

그는 "작업이 너무 복잡해지지 않도록 제한하고 애니메이션에 사용하는 무수한 컨트

옆 페이지: 애니메이션팀이 작업 한 그래폰

롤을 단순화하는 방향으로 가야 했어요. 특히 초기에 단순화해야 했는데, 나중에 할 일이 너무 많아지면 버거워지거든요. 비슷한 액션을 만들거나 여러 가지 방식으로 조종할 수 있는 컨트롤은 없었어요. 어차피 다듬기 단계로 가면 더 많은 컨트롤을 써야 하는데, 초기에 컨트롤을 적게 쓰면 애니메이터들도 작업량에 치여 미쳐버리지 않을 테니까요"라고 설명한다.

딥은 "전반적으로 애니메이션팀이 직면한 제일 큰 문제는 이 게임을 위해 제작해야 할 애니메이션 양이 엄청나다는 거였죠. 계속 기획하고 집중하고 노력을 쏟아붓는 동안 우리가 작업해야 할 애니메이션은 산더미처럼 늘어났습니다"라고 말한다. 플레이어의 아바타와 관련해서만 제작해야 할 애니메이션이 3천 개가 넘었다.

퍼시벌은 "게임 개발은 원래 어려움이 많은 일입니다. 특히 새로운 개발 엔진을 써야 하거나, 새로운 프랜차이즈 작업을 하거나, 키 프레임 애니메이터들로 구성된 팀과 함께 새로운 모션 캡처 스튜디오를 만들어야 할 때가 그렇죠. 하지만 제일 힘든 부분은 보통 우리의 통제 범위 밖에 있어요. 애니메이션으로 거의 다 만들었는데, 갑자기 다르게 만들라는 지시가 내려오거나 디자인을 새로 해야 하거나 캐릭터를 업데이트해야 하는 상황이 올 수 있는 거죠. 일에 변화를 주게 되면 누구나 힘들어요. 하지만 우리는 그런 상황에 적응하고 같이 굴러가는 법을 배웠습니다. 저는 그걸 유동적인 개발이라고 부릅니다. 제작 방향이 언제든 달라질 수 있으니까 우리는 그에 맞춰 새로운 길로 나아가면 되는 겁니다. 변화가 불가피한 일이니까요. 게다가 대부분 그런 변화를 통해 게임의 품질이 높아지고 플레이어의 경험도 개선되기 때문에 고생스러워도 그만큼 보람이 있어요"라고 말한다.

일 자체는 힘들었지만 애니메이션팀은 그 와중에도 즐거움을 찾았다. 퍼시벌은 "모션 캡처 작업을 할 때 제일 많이 웃었던 것 같습니다. 캐릭터 여럿이 모여있는 장면을 위해

위: 버네사 파머가 작업한 죽음의 잉크 특수 효과

옆 페이지: 애니메이션팀이 작업한 히포그리프의 비행

우리 팀원들이 직접 모션 캡처 수트를 입고 연기를 할 때가 있었어요. 누가 마법사 연기를 제일 잘하나, 누가 트롤 연기를 제일 그럴듯하게 하나를 지켜보면서 엄청 웃었습니다. 같이 일을 오래 하다 보니까 나중에 결과물을 보면서 캐릭터가 움직이는 모양새만 봐도 누가 모션 캡처했는지 알 수 있었죠. 우리는 트롤이나 고블린을 연기하는 배우가 어떻게 자세를 잡고 팔의 위치는 어디로 두는지를 확인하기 위해 소프트웨어에서 배우에게 마법 동물을 겹쳐놓았어요. 그런데 캐릭터들의 몸 비율이 평범한 애니메이터의 몸 비율과는 확연히 다르니까 더 웃기더라고요. 배우가 캐릭터를 상상하면서 몸을 움직이게 해야 하다 보니 시행착오도 많았지만 재미있을 때도 많았습니다"라고 회상한다.

딥은 "저도 운 좋게 여러 번 모션 캡처 수트를 입었습니다. 어느 날은 트롤이 되어서 동작을 캡처하고 있었는데, 마법사가 쓴 주문에 걸려 몽둥이로 제 얼굴을 스스로 때려야 했죠. 그때 제가 스티로폼 막대를 몽둥이로 쓰고 있었거든요. 감독이 저더러 제 얼굴을 더 세게 치라고 계속 요구하더라고요. 세게 확 쳤는데 모션 캡처용 모자를 친 바람에 그 모자가 머리에서 벗겨지고 말았죠. 화면에 트롤이 어떻게 나오는지 보려고 팀원들이 모니터를 지켜보고 있었거든요. 그런데 모션 캡처 모자가 벗겨지면서 트롤 머리가 떨어져 나간 걸로 나온 겁니다. 트롤이 제 손으로 제 목을 친 모양새가 됐어요! 디지털 트롤이어서 다행이었죠. 이 게임을 제작하면서 다친 트롤은 없었습니다."

CHAPTER 5

게임의 큰 줄기와
어둠의 미스터리

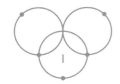

켈리 머피는 "게임 디자인 관점에서 말하자면, 퀘스트의 성격은 단순한 질문을 던져 확인할 수 있습니다. 어떤 방법을 소개하고 강화하는 퀘스트인가 아니면 판타지 경험 순간에 더 가까운가? 그것도 아니면 단순히 분위기/서사에 맞추기 위한 퀘스트인가? 라는 질문이죠"라고 말한다. 디자이너는 퀘스트의 역할을 이해한 후 게임 전체의 흐름에 따라 디자인한다. 머피는 "퀘스트와 판타지 경험 순간이 따로 노는 법은 없습니다. 퀘스트는 플레이어에게 은신 방법을 가르쳐 주기 위한 목적으로 시작됐다가, 어느 시점부터 빗자루를 타고 탈출하는 판타지 경험 순간으로 바뀔 수도 있어요. 따라서 리듬을 맞추려면 플레이어가 어떤 도구를 보유하고 있는지, 퀘스트 완료를 위해 어떤 식으로 도구를 사용할 것인지, 플레이어가 바로 전에 달성한 퀘스트는 무엇인지, 이 퀘스트가 끝나면 플레이어가 뭘 하게 되는지를 파악하는 게 중요합니다"라고 설명한다.

그는 "퀘스트를 만들기 위해 게임 디자인과 서사 요소를 조정하려면, 퀘스트 자체의 필요성뿐 아니라 게임 플레이와 게임 속 세계, 서사의 맥락상 퀘스트를 어디에 배치해야 하는지도 알아야 합니다. 어떤 게임 개발이든 마찬가지겠지만, 게임은 개발 도중에 감독의 방향성이 크게 달라지기도 해요. 그럼 작업 중이던 퀘스트를 포기하거나 퀘스트와 관련된 철학 자체를 바꿔야 할 수도 있어요. 그리고 어떤 퀘스트를 남기고 어떤 퀘스트를 없앨지, 남은 자료로 어떤 퀘스트를 생성할지 같은 어려운 결정을 해야 하죠. 이런 과정을 통해 우리는 최고의 콘셉트를 가져와 유지하거나 새로 제작하는 방법을 찾아낼 수 있었습니다"라고 밝힌다.

216-217페이지: 배경팀이 작업한 최종 펜시브 방

옆 페이지 위에서부터 아래로: 배경팀이 작업한 룩우드 성 지하실, 고블린 지하 시설, 히포그리프에게 절하기(인게임 렌더링)

아래: 버네사 파머가 작업한 아치의 은신처

게임의 큰 줄기

플레이어가 학교 수업에서 기본적인 마법 대부분을 배우고, 고대 마법을 사용할 수 있는 고유의 능력을 발견하는 것이 이 게임의 큰 줄기다. 플레이어는 이 과정에서 획득한 기술로 빅터 룩우드와 그의 범죄 집단을 물리치고, 호그와트를 위협하는 고블린 반란 세력을 막는다.

퀘스트 디자인팀은 게임의 진정성 유지와 마법 세계에 새로운 요소를 추가하는 것 사이에서 균형을 유지하려 애썼다. 켈리 머피는 "처음에 우리는 팬들의 판타지에 관한 브레인스토밍부터 했습니다. 팀원들끼리 논의하다가 자료 조사를 했고 온라인 독서 포럼에도 참여했죠. 플레이어들이 오픈 월드 마법 세계 게임을 할 때 제일 바라는 것과 기대하는 것이 무엇인지 알아야 했어요"라고 말한다. 그리고 팀은 제일 중요한 판타지, 장소, 캐릭터, 주문, 마법 동물을 파악하려 애썼다. 머피는 "수 주일에 걸쳐 회의실 화이트보드에 이 게임의 큰 줄기로 삼을 초기 버전을 작성했습니다. 주문, 장소뿐 아니라 '판타지', '기대' 항목도 마련했죠"라고 회상한다.

그는 "'펜시브 지하 시설 1'이라든지 '히포그리프 순간' 같은 단어들로 퀘스트의 개념을 대충 적고 그 아래 체계적으로 메모를 했어요"라고 말한다. 이 과정에서 게임의 큰 줄기는 계속 바뀌었다. 플레이어가 그 줄기를 따라갔을 때 시기적절하게 목적지에 도착하지 못하거나 아예 도착조차 못 한 경우에는, 플레이어가 그리로 더 빨리 갈 수 있게 유도하는 장소들을 마련하고 서사를 조절했다.

보조 퀘스트

보조 퀘스트를 통해 플레이어는 마법사로서의 정체성을 찾고, 장소들을 조사하며, 마법 유물을 회수하고, 호그와트 성과 호그스미드 마을의 비밀을 발견하고 동료 학생들의 고민 해결을 돕는다.

켈리 머피는 "보조 퀘스트는 서사에 큰 영향을 주지 않기 때문에 좀 더 열린 방법으로 진행됩니다. 플레이어의 타고난 기질이 이 퀘스트의 방향을 좌우하죠"라고 말한다. 퀘스트팀은 플레이어가 보조 퀘스트를 완수하면서 나름의 선택을 할 수 있게 해주고 싶었다. 머피는 "플레이어가 상대에게 친절하게 도움을 주고 싶을 수도 있고, 살짝 못되게 굴고 싶을 수도 있지 않겠어요? 호그와트에서 멀어질수록 플레이어는 독한 말도 할 수 있게 되는데, 캐릭터들은 플레이어가 이전 퀘스트에서 했던 선택을 기억하고 그 선택에 관한 대화를 하게 됩니다"라고 설명한다.

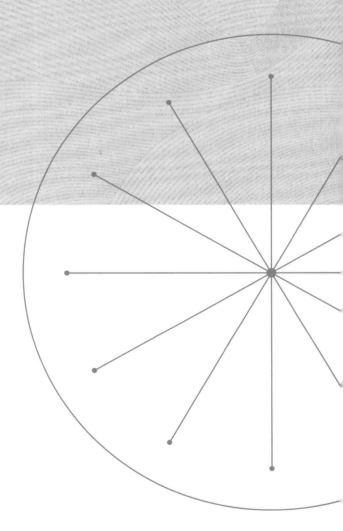

수업 과제

플레이어는 과제를 수행하기 위해 호그와트 성과 고지 곳곳을 탐험하면서 무언가를 발견하고 수집하고 필요에 따라 전투도 치른다. 수업 과제를 제작하면서 팀은 플레이어가 과제 완수 시 받게 될 혜택과 과제에 대한 기대를 중심으로, 플레이어가 게임의 큰 줄기를 따라갈 때 어떤 주문을 필수로 사용해야 하고 어떤 주문은 선택 사항으로 둬도 되는지를 균형 있게 정하고자 했다.

머피는 "그리고 플레이어가 게임 플레이와 서사 콘셉트를 이해하게 되는 시점부터 게임 플레이와 서사의 리듬을 맞춰갔어요"라고 말한다.

게임 세계에 들어간 플레이어는 전투와 방어의 기본을 반드시 알아야 한다. 머피는 "플레이어는 불을 구현하려면 '인센디오' 주문을 배워야 하고, 대상을 공중에 띄우려면 '레비오소' 주문을 알아야 하고, 전투 중에 대상을 근처로 소환하려면 '아씨오' 주문을 쓸 수 있어야 합니다. 레비오소는 어둠의 마법 방어법 수업 시간에, 아씨오는 마법 수업 시간에 배우게 되죠. 우리는 인센디오 주문을 수업 과제로 정하기로 했습니다. 플레이어는 수업을 받은 후 해당 교수에게 과제를 받아야 하는데, 어둠의 마법 방어법 과목 교수인 헤캣 교수에게 '인센디오' 관련 과제를 받게 됩니다"라고 설명한다.

옆 페이지: 벤 시몬슨이 작업한 메인 퀘스트 카드와 보조 퀘스트 카드

위: 벤 시몬슨이 작업한 수업 과제 보조 퀘스트 카드

관계 퀘스트

관계 퀘스트는 플레이어가 마법 세계에서 하는 경험을 개인적으로 간직하고, 해리 포터 기존 이야기에서처럼 게임 속에서 친구들과 우정을 쌓을 수 있게 해준다.

머피는 "친구들마다 개성과 기호가 있고, 자기만의 독특한 전투 주문을 갖고 있습니다"라고 설명한다. 플레이어는 친구들과 함께 플레이하면서 자기가 과거에 했던 일이나 지금 하는 일에 대해 친구들이 어떻게 생각하는지 알게 되고, 그 경험을 떠올리게 된다. 또한 내티, 포피, 세바스찬은 각자 보조 스토리라인을 갖고 있으므로, 플레이어는 관계 퀘스트를 하나 혹은 여러 개 완수하지 않으면 특정한 장소와 도구, 퀘스트에 접근할 수 없다.

퀘스트를 생성할 때 개발자들은 내티, 포피, 세바스찬의 성격과 어울리는 퀘스트를 연결시켰다. 정의감이 강한 내티는 어둠의 마법사이며 룩우드 패거리의 우두머리인 빅터 룩우드, 빅터의 오른팔인 테오필루스 할로우와 연관된 관계 퀘스트를 제시한다. 모이라 스콰이어는 "내티와 플레이어는 내티의 성격과 어울리는 퀘스트를 함께 수행하면서 도적 캠프, 은신처로 침투하게 됩니다. 세바스찬은 스토리라인에 어둠의 기운이 있는 캐릭터이니 지하 시설과 슬리데린 관련 장소에서 퀘스트를 진행하는 게 어울리죠. 마법 동물을 아끼는 포피는 용의 둥지 같은 장소에서 퀘스트를 이끌게 되고요"라고 설명한다.

모든 관계 퀘스트를 완료해야 할 필요는 없기 때문에 플레이어가 그런 퀘스트를 하나도 안 할 수도 있다. 스콰이어는 "그런 경우 플레이어의 게임 플레이 여정에 영향을 줍니다. 플레이어가 선택한 친구와의 관계가 달라지니까요"라고 말한다. 어느 지점에서 퀘스트를 잠금 해제해 놓으면 메인 스토리라인을 진행하는 도중이나 그 후에 언제든 완수해도 된다.

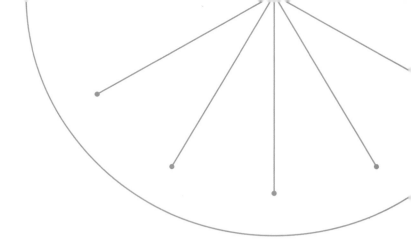

위: 나산 하드캐슬이 작업한 고블린 드릴 청사진

아래: 조슈아 H 블랙이 작업한 묘지의 가난한 자들의 구역

옆 페이지 위에서부터 아래로: 벤 시몬슨이 작업한 아이들이 그린 마법 동물 그림 / 버네사 파머가 작업한 우체국 편지

마법 동물 퀘스트

마법 동물 퀘스트를 수행하면서 플레이어는 마법 동물을 돌보는 방법을 배우고 추가 보상을 받는다. 머피는 "마법 동물을 구출하다 보면 플레이어는 '왜 이걸 해야 하지?'라고 의문을 가지겠죠. 마법 동물을 구출해서 돌보면 마법 동물한테서 나오는 부산물로 장비를 개선할 수 있다는 게 그 질문에 대한 답입니다"라고 말한다. 마법 동물 퀘스트는 두 가지 목적으로 진행되므로 우리는 이런 질문을 던져보았다. 마법 동물을 구출해서 돌보고 장비를 개선하는 과정을 가르치는 퀘스트인 만큼 어떤 콘셉트를 필요로 할까? 재미도 있으면서 정보도 주려면, 그리고 마법 동물 구출 활동을 즐기면서 체계적인 탐사를 하는 플레이어를 방해하지 않으려면 퀘스트에 어떤 마법 동물을 쓰는 게 제일 적합할까?

우리는 마법 세계 이야기에서 마법 동물이 하는 역할, 마법 동물의 태도, 퀘스트의 목적을 기준으로 어떤 퀘스트에 어떤 마법 동물을 사용할지를 정했다. 머피는 "플레이어에게 마법 동물을 구출하는 방법을 가르치는 퀘스트인 경우, 포획하기 쉬운 마법 동물부터 해보도록 유도하면서 위협적이지 않고 재미있는 퀘스트라는 걸 알려줍니다"라고 말한다. 이런 퀘스트인 경우 퍼프스킨, 자버놀, 문카프 같은 마법 동물이 제일 좋은 선택지였다.

머피는 "마법 동물 구출에 관한 보조 퀘스트인 경우, 이야기의 어디쯤에서 그 퀘스트와 관련된 이야기 정보를 잠금 해제하는 게 좋을지 살펴봤어요"라고 덧붙인다. 이런 기준일 때는 어떤 마법 동물이든 크게 상관없지만, 특정한 마법 동물로만 진행해야 하는 퀘스트도 있다. 머피는 "납치된 니플러를 찾아내 구출해야 하는 퀘스트가 있는데, 이 퀘스트를 수행하려면 보물이 쭉 깔린 정교한 지하 시설로 가야 합니다. 우리는 반짝이는 보물을 좋아하는 니플러의 습성과 이 퀘스트를 연결 짓고 싶었어요"라고 설명한다.

마법 동물과 관련해 재미있게 정보를 제공하는 게 목적인 퀘스트도 있다. 머피는 "플레이어가 마법 동물을 구출하고 돌보는 방법을 배워야 해서 우리는 이런 콘셉트에 맞는 퀘스트를 준비했어요. 돌봄을 받은 마법 동물은 플레이어의 전투 장비 개선에 쓸 재료를 제공하는데, 바로 이런 과정을 플레이어에게 가르쳐 주는 퀘스트인 것이죠"라고 말한다. 이런 퀘스트를 수행하면서 플레이어는 좀처럼 찾기 힘든 진귀한 마법 동물을 구출할 기회를 얻기도 한다. 이런 마법 동물은 독특한 재료를 제공해 준다.

처음에는 마법 동물들이 플레이어와 친구가 되어 함께 마법 세계를 돌아다니는 식으로 해보려고 했는데, 마법 동물들의 태도와 몸집이 각각 너무 달라서 친구로 같이 다니게 되면 우리가 해결해야 할 문제며 작업량이 어마어마하다는 걸 깨달았다. 머피는 "히포그리프나 그래폰 같은 유명한 마법 동물들만큼은 플레이어와 함께 다니도록 하고 싶었어요. 하지만 우리가 처한 환경이나 게임 플레이에 적합하지 않았죠"라고 설명한다. 개발자들은 이 두 마법 동물을 탈것으로 만들어서 플레이어가 타고 다니게 하고, 그 외에 다른 마법 동물들은 플레이어가 구출해 반려동물로 돌보면서 행복하게 살게 해주기로 했다. "마법 동물이 플레이어에게 유용하고 가치 있는 존재인 건 맞지만, 이 방법 덕분에 우리는 마법 동물을 친구로 만들어 같이 다닐 경우 닥쳐올 복잡한 문제를 피할 수 있었습니다. 문카프와 자버놀, 유니콘만 보더라도 동물들의 특성이 워낙 다르니까요."

나만의 방식으로

호그와트 레거시는 플레이어가 어떤 플레이 스타일을 선호하든 전투에서 승리할 수 있도록 다양한 전투 전략을 제공한다. 트로이 존슨은 "플레이어가 자신에게 제일 잘 맞는 방식으로 다양한 전투를 경험하도록 이끄는 게 우리 목표입니다"라고 말한다. 우리는 플레이어가 적을 만나는 지점들을 계속 수정해서, 다양한 경로를 통해 결국 그 자리로 갈 수 있도록 했다. 플레이어가 구체적으로 어떤 기술을 시험하거나 특정한 전략을 사용해야 하는 주요 전투들도 있다. 이에 대해 그는 "대부분의 전투는 플레이어가 어렵지 않게 승리할 수 있도록 설계돼 있습니다"라고 덧붙인다.

고지, 지하 시설 같은 위험한 내부 공간은 적들이 들어차 있어 무척 적대적인 분위기지만, 플레이어는 편안하게 상대할 수 있다. 적을 상대로 강력한 주문들을 사용하거나, 놀라운 마법약과 식물들을 전략적으로 쓰거나 아니면 아예 충돌을 피해버릴 수도 있다. 플레이어가 알아서 선택하면 된다.

존슨은 "플레이어의 다양한 플레이 스타일을 아름다운 아트워크, 렌더링과 결합해 해당 공간에서 디자인적으로 무리 없도록 자연스럽고 그럴듯하게 만드는 일은 쉽지가 않습니다. 대놓고 돌아다니는 것보다는 숨어있다가 플레이어를 기습하는 게 더 어울리는 마법 동물이라든지 다양한 주문에 내성이 있는 트롤 같은 생물은 작업하기가 까다로웠어요"라고 설명한다.

이런 여러 어려움에도 불구하고 팀은 플레이어가 마음껏 게임을 즐길 수 있는 세계를 만들어 냈다. 존슨은 "어떻게 살아남을지는 여러분의 몫입니다"라고 말한다. 고블린들이 떼로 달려들 때 친구의 도움으로 부담을 덜어낼 수도 있고, 독손가락들을 배치해 힘든 일을 대신 처리하게 할 수도 있지 않을까?

직접 전투에 뛰어들어 기술을 연습하고 숙달하는 걸 좋아하는 플레이어는 머잖아 콤보 공격 방법을 익히게 된다. 강력한 마법들을 연달아 사용해 적들을 몰아붙이다가 재빠르게 추가로 힘을 써서 효과적으로 끝장내는 방법이다.

왼쪽: 나산 하드캐슬이 작업한 죽음의 하수인 필드 가이드 그림
옆 페이지 위: 나산 하드캐슬이 작업한 갑옷 입은 트롤, 숲트롤, 강트롤 그림
옆 페이지 아래: 캐릭터팀, 배경팀, 시각특수효과팀이 작업한 펜시브 수호자와의 결투(인게임 렌더링)

주문 걸기

트로이 존슨은 "전투 체계와 관련해 우리가 세운 목표는, 마법 세계의 전투에 관한 최고의 아이디어를 내고 실행해서 플레이어가 매끄럽고 풍성하며 신나는 경험을 할 수 있게 하자는 것이었습니다. 전투를 통해 마법에 통달하는 판타지를 충족시켜 줄 최고의 게임 요소와 특징을 찾아내기 위해 연구 개발에 매진했죠. 그 결과 유쾌하고 강렬하면서 정말 재미있는 게임 체계를 만들 수 있었습니다"라고 말한다.

스토리라인을 따라가면서 과제를 완수하는 동안 플레이어는 계속 업그레이드되는 수십 가지 주문을 배우고, 그 주문들을 하나로 묶어 쓸 수 있는 능력도 얻게 된다. 플레이어는 장애물을 넘어가거나 무언가에 접근하거나 퍼즐을 풀거나 적과 전투를 벌이는 등 퀘스트 중에 주변 환경과 상호 작용하면서 여러 가지 주문을 사용할 수 있다. 기존에 알려져 있는 주문들이 많아서 우리 팀은 게임에 꼭 필요한 주문을 골라내야 했다.

존슨은 "지금까지 해리 포터 기존 이야기에서 사용된 적 있는 모든 주문을 파악하기 위해 책은 물론이고 영화, 공식 사이트, 팬이 운영하는 아카이브까지 철저하게 조사했습니다. 주문이 얼마나 상징적이고 얼마나 자주 사용되는가, 주문에 대한 팬들의 기대는 어떤가, 규칙을 기반으로 하는 비디오 게임에서 얼마나 융통성 있게 쓰일 수 있는가, 우리 서사에 잘 어울리는가 등 많은 요소를 따져봤죠"라고 말한다. 팀은 어떤 주문이 게임에 어울릴지를 결정하기 위해 게임 개발 기간 동안 백 개 가까운 주문을 프로토타입으로 만들었다. 존슨은 "시간과 노력이 많이 들었어요. 그래도 세심하게 신경 쓴 결과 우리는 호그와트 레거시에 잘 어울리는 주문들을 골라낼 수 있었습니다"라고 덧붙인다.

존슨은 "프로토타입으로 만든 주문들 중에 제가 게임에 꼭 넣고 싶었던 건 박쥐 코딱지 마법이었어요. 적이 재채기를 통해 코에서 쏟아낸 축축한 초록색 박쥐들이 다른 적들을 무작위로 공격하게 만드는 주문이거든요. 하지만 1900년대에 미란다 고스호크가 발명한 주문이라서 우리 게임의 시대에는 맞지 않았죠"라고 회상한다. 팀은 마법사 세계를 진정성 있게 만들어야 한다는 기준을 늘 염두에 두고, 해리 포터 기존 이야기를 참고해가며 게임에 넣을 주문을 선택했다.

존슨은 "기존 시리즈와 관련된 게임을 개발하는 일은 어렵기도 하고 재미있기도 했습니다. 많은 사람에게 사랑받은 시리즈를 상호 작용 게임으로 내놓으려면, 팬과 게이머 모두 좋아할 만하게 만들어야 하니까요"라고 말한다.

플레이어는 게임 전반에 걸쳐 스토리라인을 따라가면서 수업, 과제, 필요의 방 같은 출처에서 다양한 주문을 배운다. 존슨은 "플레이어가 최대한 빨리, 그리고 최대한 즐겁게 게임을 체험할 수 있도록, 그리고 게임이 끝날 때까지 새로운 주문을 발견하는 기쁨을 계속 느낄 수 있도록 주문의 등장 순서와 시기를 조절했습니다. 플레이어가 게임이 흘러가는 양상, 특정한 서사의 리듬을 파악할 수 있도록 몇 가지 기본적인 주문부터 배우도록 하지만, 그 외의 마법 세계 주문을 배우는 시기는 자유롭게 정할 수 있어요"라고 말한다.

플레이어는 주문 수십 개 중 상황에 따라 필요한 주문 네 개를 주문 칸에 넣고 쓰면 된다. 처음에는 주문 네 개를 넣은 1세트만으로 게임을 하다가, 재능을 업그레이드하면 추가로 3세트를 더 쓸 수 있게 된다. 메뉴에 접속할 필요 없이 버튼 두 개로 곧장 다른 세트로 교체해 수십 개의 주문을 편하게 쓸 수 있다.

위: 버네사 파머가 작업한 펜시브 컬러키

옆 페이지: 시각특수효과팀이 작업한 지팡이 관련 효과(인게임 렌더링)

존슨은 "우리가 주문 체계를 만들면서 목표로 했던 것은 플레이어가 마녀 혹은 마법사로서 다양한 주문을 배우고 숙달하도록 만드는 것이었어요. 잠긴 문을 여는 주문(알로호모라)처럼 제한적이고 특정한 방식으로 쓰이는 주문도 있지만, 새로운 용도를 발견해가며 다양하게 쓸 수 있는 주문도 있습니다. 우리는 플레이어가 자유롭게 주문을 사용하고 어떤 결과가 나오는지 확인하길 바랐어요. 주문의 종류가 많은 만큼, 플레이어는 동시에 여러 개의 주문에 빠르게 접근할 수 있어야 했습니다. 그래야 전투처럼 급박한 움직임이 필요한 경우 주문 여러 개를 빠르게 연속해서 쓸 수 있을 테니까요"라고 설명한다.

플레이어는 주문 체계를 다양한 전투에 사용할 수 있다. 공격 주문으로 적에게 심각한 대미지를 입힐 수 있고, 강력한 힘을 발휘하는 주문으로 적을 밀어낼 수도 있으며, 제어 주문으로 적이 가까이 오지 못하게 막을 수도 있다. 취향에 따라 플레이 스타일을 정하면 된다. 다섯 개의 재능 트리에 재능 포인트를 써서 원하는 대로 주문 세트를 만들 수도 있다.

주문을 애니메이션화 하는 작업은 쉽지 않았다. 게임 개발이 진행되면서 수없이 수정해야 했다. 조 퍼시벌은 "지팡이 전투는 칼을 쓰거나 망치를 휘두르는 것, 총을 쏘는 것과는 양상이 달라요. 다양한 포즈의 콘셉트 그림, 손으로 입력한 자리 표시자 애니메이션으로 작업을 시작했습니다. 두 명이 모션 캡처 수트를 입고 빙글빙글 돌면서 보이지 않는 어둠의 마법사들과 싸우는 동작을 했죠. 단독 공격, 콤보 공격, 그 외에 여러 가지 결합을 시도했는데 장단점이 있었어요. 우린 사방으로 주문을 걸 때 물 흐르듯 매끄러우면서도 기능 면에서도 만족스럽길 바랐거든요. 하지만 실행할 때마다 결점이 보이더라고요. 그래도 계속 시도하면서 영화도 연구했어요. 그리고 결국 원하는 지점에 도착했습니다. 애니메이터들, 디자이너들, 프로그래머들이 합심해서 노력한 덕분이에요"라고 말한다.

개발자들이 어마어마한 노력을 쏟아부은 결과, 단순하면서도 재미있고, 융통성 있게 다양한 플레이 스타일을 구사할 수 있게 해주는 체계가 만들어졌다. 존슨은 "플레이어들을 만족시킬 수 있을 정도의 힘과 융통성, 접근성, 깊이까지 갖춘 체계를 만드는 것은 굉장히 힘든 일이었어요"라고 회상한다.

우리 팀은 플레이어들이 능숙한 마녀, 마법사가 된 기분을 느끼도록 하고 싶었다. 하지만 컨트롤러로 게임을 하니 제한이 있을 수밖에 없었다. 존슨은 "우리는 십여 개 이상의 다양한 UI/UX(사용자 인터페이스/사용자 경험) 프로토타입, 주문 시전을 위한 제어 방법 등을 테스트했습니다. 테스트를 할 때마다, 이 체계가 플레이어에게 무엇을 제공해야 하고 플레이어들은 이 게임에서 무엇을 이뤄내고 싶은지에 관한 중요한 정보를 얻을 수 있었죠. 주문 시전의 사용자 경험 외에도 주문 효과들을 모아 우리가 원하는 게임플레이 시나리오와 잘 맞는 체계로 개발하기까지 수년 동안 상당한 노력을 들여야 했습니다"라고 전한다.

그 와중에 우리는 마법 세계의 진정성 유지와 순전한 재미 추구 사이에서 바람직한 균형점을 찾아야 했다. 존슨은 "해리 포터 기존 이야기에서도 결투는 근거리에서 이루어집니다. 방어하면서 앞뒤로 왔다 갔다 하며 주문을 시전하는 동작은 펜싱이나 무술에 가깝죠. 그러니 멀리서 총 쏘듯이 마법을 쓰는 건 어울리지 않습니다. 우리 게임의 적 대다수는 멀리서 마법을 쓰는 게 아니라 근거리에서 공격합니다. 그런 적들에게 멀리서 지팡이를 휘둘러 봤자 공격을 명중시키기 어려워요"라고 말한다. 대본에 적힌 대로 공격하고 콤보 동작을 해봤지만 팀은 만족할 수 없었다. 존슨은 "게임을 개발하면서 우리는 '원거리 쿵푸'라는 개념을 떠올렸어요. 이 개념을 바탕으로, 플레이어가 상대하는 적이 칼을 든 고블린들이든 사악한 마녀나 마법사들이든 사나운 트롤이든 관계없이, 즉각적으로 반응하고 표현도 풍부하면서 인상적인 체계를 만들게 됐습니다"라고 설명한다.

주문 체계를 쓸 수 있게 됐다고 해서 전투 체계를 쓸 일이 없어지지는 않는다. 맨드레이크, 중국산 깨무는 양배추를 필요의 방에서 재배해 전투에서 사용하면 파괴적인 효과를 볼 수 있다. 교실이나 필요의 방에서 마법약 스테이션을 이용해 다양한 마법약을 제조한 뒤 전투 때 강화제로 사용하면 좋다. 가령, 에두루스 마법약으로 방어 능력을 높이고 막시마 마법약으로 주문의 힘을 강화할 수 있다. 존슨은 "주문, 식물, 마법약을 적절히 혼합해서 쓰는 게 제일 효과적인 전략입니다. 특별 활동을 하다 보면 어느새 전투에 익숙해질 거예요"라고 말한다.

위: 버네사 파머가 작업한 저장소 컬러키

옆 페이지: 시각특수효과팀이 작업한 레파로(인게임 렌더링)와 필드 가이드 인트로(시네마틱 렌더링)

그는 "단번에 높은 대미지를 입히는 폭발 마법을 선호하는 플레이어도 있는데 저는 우아하고 재미있게 주문을 조합해서 적에게 큰 대미지를 입히고 콤보로 빠르게 공격해 추가로 혜택을 받는 방식을 좋아합니다. 저는 4개 주문으로 이루어진 세트들을 왔다 갔다 하면서 물 흐르듯 매끄럽게 움직여요. 적을 들어 올려 거꾸로 뒤집는 밀쳐내기 저주(플리펜도), 초기에 대미지를 입히기 위해 적을 베는 마법(디핀도), 적을 가까이 끌어당기는 소환 마법(아씨오), 불을 써서 화염을 폭발시키는 주문(인센디오), 그리고 적을 바닥에 세차게 떨어뜨린 뒤(디센도) 들어 올렸다가 강력한 힘으로 밀어내(디펄소) 물체나 다른 적에게 집어 던지는 방법을 연달아 씁니다"라고 설명한다.

그리고 "낮은 대미지로 공격하다가 효율적으로 이 주문 저 주문으로 확대해 가면 무척 재미있어요. 다만 상대가 여럿인 경우, 적의 공격으로부터 내 몸을 방어하면서 좀 더 길게 콤보로 공격해야 합니다. 공격 순서를 외웠다고 해서 공원에서 산책하듯 쉽게 이길 수는 없어요. 그래도 떼로 덤벼드는 악당들을 처단하다 보면 기분이 좋아집니다"라고 말한다.

지하 시설

퀘스트를 수행하면서 호그와트 성에서 멀어질수록 플레이어는 점점 거칠어지는 전투와 더욱 큰 위험이 도사리는 어두운 미지의 장소로 이끌려 가게 된다. 바로 다양한 지하 시설들이다.

고지의 폐허와 그 주변의 지하에는 곧게 뻗은 동굴, 어둠의 마법사 은신처, 고블린 광산, 마법사의 무덤, 고대 돌무덤, 고대 마법이 깃든 휘황한 장소 등 지하 시설들이 있다. 플레이어는 이런 곳에서 적과 결투를 하거나 마법으로 퍼즐을 풀거나 탐험과 약탈, 수집 활동을 한다. 하지만 조심해야 한다. 이런 지하 시설에는 고블린 전사, 인페리우스, 거미, 트롤, 그곳에 서식하는 마법 사용자가 있게 마련이다.

호그와트 부근의 자연환경을 포함해 모든 것을 마법적이고 진정성 있게 만들어야 한다는 게 호그와트 레거시 게임의 철학이다. 지하 시설 디자인팀은 호그와트 주변과 지하에서 어떤 종류의 장소들이 발견되도록 할 것인지를 결정해야 했다. 옛 성터의 자리 배치를 연구하고, 방들이 어떤 모양이고 방과 방 사이가 어떻게 연결되어 있는지 알아내기 위해 오래된 봉분들을 조사했다. 이렇게 해서 얻은 아이디어를 확장해서 보다 마법적이고 몰입을 유도하며 흥미로운 탐색 공간을 만들었다.

앤드류 헤이스는 "마법 세계의 마법은 머글 세계와 분리되어 있지 않아요. 진정성 있는 서사를 통해 예상 밖의 마법 요소가 일상적인 배경에 추가되기도 하죠. 우리는 지하 시설 작업을 하면서, 현실적이되 마법적인 느낌이 살짝 가미된 공간을 만들어 내려 했어요. 플레이어가 탐색하게 될 다양한 장소들을 제작했는데, 실제로 존재하는 장소에 마법 느낌을 가미한 건축 스타일도 있고, 마법 세계에서 영감을 받아 만든 장소도 있었어요"라고 설명한다.

호그와트 레거시의 다양한 요소들을 구현할 때, 기존 마법 세계의 환경과 완전히 새로운 환경 사이에서 균형을 잘 잡아야 했다. 헤이스는 "마법 세계는 놀라운 환경들로 가득한데, 상당수는 책과 영화를 통해 알려져 있습니다. 하지만 넌지시 언급만 된 장소들도 많고, 호그와트 성 주변 지역은 책과 영화에서 나온 적이 별로 없어요. 우리는 알려진 장소든 아니든 가리지 않고 곳곳에 지하 시설을 만들었습니다"라고 말한다.

위: 배경팀이 작업한 고블린 광산
아래 왼쪽부터 오른쪽으로: 배경
팀이 작업한 돌무덤 지하, 고블
린 광산, 펜시브 지하 시설(인게
임 렌더링)

기존 자료에는 슬리데린 기숙사와 비밀의 방이 호그와트 성 지하층에 자리하고 있다는 정도만 나와 있었다. 작업 초기에 호그와트 디자인팀은 비밀의 방을 게임에 넣을지 말지 고민했다. 헤이스는 "안타깝지만 게임에 넣기에는 어려운 면이 있어서 넣지 않기로 결정했어요. 1992년에 그 방에 바실리스크가 있어야 하는데, 플레이어가 바실리스크를 죽여버리면 안 되니까요"라고 설명한다. 슬리데린 기숙사는 게임에 넣기로 했다. 슬리데린 기숙사 휴게실 창밖으로 검은 호수가 내다보이고 물고기, 오징어 같은 호수 생물들이 헤엄쳐 지나가는 모습이 그림자로 보이도록 설정했다.

지하 시설 중 일부는 호그와트 성이나 호그스미드 마을과 직접 연결되므로, 지하 시설 팀은 플레이어가 이런 장소에 어떻게 접근할지를 알아야 했다. 입구와 출구가 기존 자료에 나온 대로 익숙한 모습일 필요가 있었다. 헤이스는 "호그와트 성 지하에서 숨겨진 방들과 동굴처럼 생긴 엄청나게 넓은 공간을 찾아낸다는 게 말이 될까요? 누가 어떻게 호그와트 성을 지었는지 같은 역사를 감안하면 충분히 말이 됩니다. 호그스미드의 술집 지하에 어둠의 마법사들이 모여있는 은밀한 소굴이 있다는 설정은 어떨까요? 게임 서사에 어울리고 우리가 아는 마법 세계와 일관성이 있으면 되는 거죠"라고 말한다.

완전히 새로운 장소를 만드는 게 훨씬 더 허용의 폭이 넓었다. 헤이스는 "금지된 숲 안, 호그와트 성 주변의 산에 무엇이 있는지 모두 밝혀져 있지는 않아요. 따라서 우리가 만드는 게임의 세계와 시대, 서사에 제일 잘 어울리도록 만들어 볼 여지가 있었죠"라고 설명한다.

제작 도중에 바뀔 여지가 있기는 했지만 몇 가지 요소를 기준으로 어떤 종류의 지하 시설을 배치할 것인지를 정했다. 마이크 톰슨은 "어떤 지하 시설을 만들지를 결정할 때 우리가 제일 먼저 생각한 것은 주변 장소에 어울려야 한다는 점이었어요. 이미 만들어 둔 스토리라인, 캐릭터들과도 맞아야 했고요. 지하 시설이 게임의 각 단계에 알맞게 들어가야 했습니다"라고 말한다.

바위굴 안에 있는 마법 동물 소굴이라든지, 오래전에 죽은 유명한 마법사가 남긴 마법 퍼즐 챌린지 같은 다양한 아이디어가 쏟아져 나왔다. 하지만 게임 서사를 고려하면, 마법사 무덤과 고블린 광산부터 시작해서 옛 성터와 작은 동굴 정도로 하는 게 최선이었다.

옆 페이지: 배경팀이 작업한 고블린 광산과 동굴 지하 시설(인게임 렌더링)

왼쪽: 배경팀이 작업한 고블린 광산(인게임 렌더링)

233

헤이스는 "이 게임에 나오는 범죄 세력은 은신처라든지 미심쩍은 거래에 쓸 도박장을 필요로 합니다. 마법 정부도 못 찾을 만한 장소여야 하죠. 그래서 우리는 무덤이나 광산 외에 확장 마법이 적용된 천막과 지하의 도둑 소굴을 추가했어요. 그 외에 고블린들이 모여있는 옛 성터, 고대 마법사들이 안치된 묘실 같은 자연 속 장소도 만들었는데, 이런 묘실은 어둠의 마법의 보호를 받기도 합니다"라고 말한다. 호그와트 성에서 다른 새로운 장소나 고대 장소로 연결되는 비밀 통로도 있을 수 있다. 헤이스는 "우리는 진정성 있는 세계, 호그와트와 연관된 서사, 그 안에 사는 사람들을 제작하면서 익숙하거나 환상적인 장소들을 만들어 나갔습니다"라고 덧붙인다.

지하 시설이 플레이어를 위해 어떤 역할을 할지는 그곳에 어떤 적이 몇 명이나 도사리고 있느냐, 어떤 종류의 퍼즐이 배치돼 있느냐, 어떤 이야기 요소가 적용되느냐, 콘셉트가 게임의 주제 및 특성에 어울리느냐를 기준으로 정했다. 마이크 톰슨은 "플레이어가 지하 여기저기를 돌아다니면서 탐색하고, 적을 만나고, 서성이고, 때로는 상호 작용을 하도록 만들어야 했습니다. 그러기 위해 플레이어가 지나가는 곳에 어떤 요소를 더하거나 빼면서 고쳐나갔죠. 재미있게 플레이할 수 있으면서 미적으로도 흥미로운 모습이 될 때까지 작업했습니다"라고 말한다.

지하 시설 여러 곳에 고대 마법이 숨어있다. 조그맣게 추가되어 있거나 적에게 연결되어 있기도 하고, 장대한 서사의 일부로 비중 있게 존재하기도 한다. 특히 펜시브 방은 대부분 고대 마법으로 만들어진 공간이다. 독특한 건축양식으로 지어진 이 공간에는 플레이어가 가진 고유의 기술, 즉 고대 마법을 감지하고 사용할 수 있는 기술을 써야만 풀 수 있는 퍼즐들이 있다. 다른 지하 시설에 있는 고대 마법은 퍼즐을 풀거나 특별한 방으로 연결되는 용도로 쓰이기도 한다. 헤이스는 "고대 마법의 서사는 플레이어를 다양한 지하 시설로 이끌면서, 어떤 식으로든 메인 퀘스트로 이어지도록 하는 역할을 합니다"라고 설명한다.

앤드류 헤이스는 "지하 시설은 아무리 규모가 작아도 제작하기가 까다로웠어요. 소소한 물건을 발견하게 되는 장소로나 쓰이는 작은 지하 시설도 마찬가지였죠. 서사나 게임의 방향이 달라지면서 작업이 너무 어려워져 없애버린 지하 시설도 있긴 한데, 마법 세계의 팬들에게 잘 알려져 익숙한 시설인 경우는 그대로 뒀습니다. 지하 시설들은 무수히 반복 작업을 진행하면서 여러 레벨 디자이너들의 손을 거쳤습니다. 게임 감독, 스튜디오 실장에게 받은 피드백에 따라 서사도 몇 번 수정하고 그에 따라 분위기도 조정해야 했어요. 우리는 지하 시설을 늘렸다가 줄였다가, 다시 늘렸다가를 되풀이하다 결국 중간 정도로 결정하기로 했습니다. 플레이어가 마법 세계에 몰두할 수 있도록 지하 시설에 특별한 적과 독특한 주문을 배치하고 비주얼 스타일도 신경 썼죠. 우리 팀은 지하 시설에 어마어마한 노력을 쏟아부었어요. 좋아하는 사람도 있지만 모두가 그런 건 아니라서 어쩔 수 없이 일부 삭제해야 하는 경우, 그간 쏟은 노력 때문에 팀 전체가 힘들어했죠. 이런 과정을 거쳐 우리는 책과 영화에서 많은 사랑을 받았던 지하 시설들을 게임에 담아냈어요. 그러니 이런 시설이 게임에 등장할 때 납득하고 즐겨주시면 좋겠습니다"라고 말한다.

옆 페이지: 배경팀이 작업한 아즈카반 감옥, 퍼시벌의 지하 시설, 고블린 광산(인게임 렌더링)

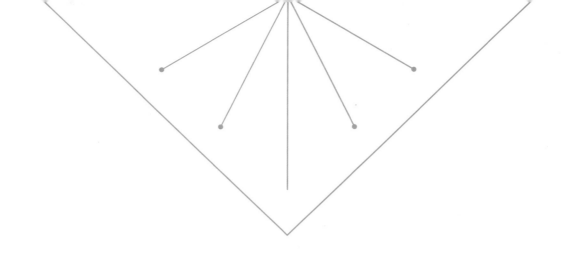

최고의 게임

지하 시설의 게임 플레이에서 제일 중요한 요소는 마법과 전투다. 앤드류 헤이스는 "지하 시설의 퍼즐이나 마법 요소 대부분은 우리가 '홀로'나 '홀로데크'라고 부르는 작고 뭉툭한 레벨에서 시작됩니다. 프로토타입으로 만들어진 장치는 엄격하게 통제된 환경에서 테스트와 검토, 평가를 거치죠. 사람들이 그 장치를 마법적이라고 느끼는지, 직관적인지, 게임에 어울리는지 등을 알아보는 과정입니다"라고 설명한다.

사용하기로 결정된 장치는 해당 레벨로 이동하거나 아니면 그 장치 주변에 레벨을 짓게 된다. 모든 장치나 퍼즐은 제각각 다르고, 특정한 셋업이나 전반적인 사항을 요구하기도 한다. 헤이스는 "어떤 장치나 게임 플레이 요소를 레벨에 두면 전체적인 배치에 당연히 영향을 미치게 됩니다. 퍼즐의 요구 사항에 따라 공간의 높이, 복도나 방의 길이도 달라지니까요. 아씨오 주문을 시전할 때 영향을 미치는 범위가 얼마나 될까? 어둠 속에서 루모스 주문을 썼을 때 빛이 닿는 범위는 어디까지일까? 같은 질문을 하게 되는 거죠. 퍼즐의 요구 조건, 마법 장치의 정체성, 주어진 배경에 따라서 공간을 조금씩 조정하게 됩니다"라고 말한다.

레벨을 완성하면서 전투 요소로 인해 작업은 난항을 거듭했다. 트롤 같은 적은 넓고 탁 트인 공간에 배치해야 했다. 입구와 통로가 비좁은 작은 무덤은 플레이어가 거대한 거미 떼를 물리치기에 적합한 장소가 아니었다. 헤이스는 "이런 경우 우리는 현실의 한계를 최대한 늘려 가능한 공간을 만들어야 했어요. 전투를 하려면 적들이 제대로 기능할 수 있는 넓고 평평한 땅, 너무 비좁거나 천장이 낮지 않은 통로를 가진 공간이 필요했죠"라고 설명한다.

지하 시설을 디자인할 때는 모든 요소가 중요하다. 하지만 도저히 표현할 수 없거나 막상 작업했을 때 어이없는 결과가 도출되고 마는 세부 사항도 있다. 전투에 필요한 넓은 방을 제작하면서 내부 공간이 지나치게 넓게 느껴질 때도 있었다. 헤이스는 "건축의 현실적 한계까지 밀어붙이는

느낌이었어요. 한계를 최대한 늘리면 더 흥미롭고 아름다운 가상 환경을 만들 수 있지만, 전체적으로 개연성 있게 보이는 것도 중요했습니다"라고 말한다. 지하 시설 레벨을 디자인할 때 어려웠던 점은 무덤 안에 가로 43미터, 세로 60미터 규모의 공간을 만드는 것이었다. 그는 "만들어 놓고 나니까 도저히 말이 안 되겠더라고요"라고 말한다.

팀이 '발에 걸리는 부분들'이라고 불렸던 문제들도 해결해야 했다. 헤이스는 "제작 감독은 플레이어가 게임을 하다 무언가로 인해 걸리적거리는 느낌을 받는 걸 싫어했어요. 그럴 만했죠. 수없이 검토를 거치면서 그렇게 걸리적거리는 부분들은 고치는 식으로 진행이 됐어요"라고 설명한다. '발에 걸리는 부분'이라는 말은 팀에서 자주 쓰이는 표현이 됐다.

어떤 게임이든 시간이 흐르면서 최종 요소들이 달라지곤 하는데, 지하 시설은 특히 더 그랬다. 원래 팀은 호그와트 성 주변의 광대한 지역에 지하 시설을 잔뜩 만들 계획이었다. 그러다가 점점 서사를 뒷받침하고 장소와 이야기의 필요에 잘 맞는 지하 시설들만 남기기로 했다. 헤이스는 "내부와 외부 개발자들로 구성된 대규모 팀이 다양한 레벨과 게임 플레이 장치를 만들어 냈어요. 하지만 그 레벨 중 상당수가 다음을 기약하며 사라져야 했죠. 그 과정은 쉽지 않았고 가슴이 아프기도 했어요. 그래도 최종 결과물을 보니 그동안의 고생을 보상받은 것 같습니다. 지하 시설들은 게임 서사를 뒷받침하는 장소에 적절히 배치됐어요. 플레이어가 지하 시설에서 게임을 즐기면서, 이 시설을 제작하는 데 들어간 우리의 노력과 재능을 알아봐 주시면 좋겠습니다"라고 전한다.

옆 페이지 위에서부터 아래로: 다미안 부즈베가 작업한 지하 거미 동굴의 등축 투영도 / 벤 시몬슨이 작업한 지하 성소의 내부 모습, 마법으로 당기는 장면

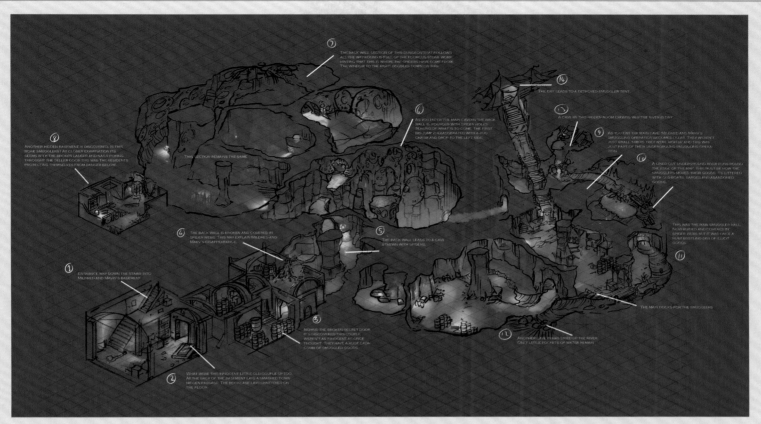

THE BACK WALL SECTION OF THIS DUNGEON CUT FOLLOWS ALL THE WAY ROUND. IT IS FULL OF THE POROUS STONE. WORRYING THAT THIS IS WHERE THE SPIDERS HAVE COME FROM. THE WINDOW TO THE RIGHT GOBLINS DOWN ON THIS.

AS YOU ENTER THE MAIN CAVERN THE BACK WALL IS POUR WITH SPIDER HOLES. TEASING OF WHAT IS TO COME. THE FIRST BIG JUMP IS EXAGGERATED WITH A FOG CHASM AND DROP TO THE LEFT SIDE.

THE EXIT LEADS TO A DESTROYED SMUGGLER TENT.

A CAVE IN THIS HIDDEN ROOM DRAINS WAY THE RIVER IS DRY.

AS YOU ENTER THE MAIN CAVE, MILDRED AND MANY'S SMUGGLING OPERATION BECOMES CLEAR. THEY WEREN'T JUST SMALL TIMERS THEY WERE MORAL AND THIS WAS JUST PART OF THEIR UNDERGROUND SMUGGLING OPERA TION.

A LINED OUT UNDERGROUND RIVER RUNS ROUND THE EDGE OF THE MAP. THIS MUST BE HOW THE SMUGGLERS MOVED THEIR GOODS. ITS LITTERED WITH OLD BOATS, BARGES AND ABANDONED GOODS.

ANOTHER HIDDEN BASEMENT IS DISCOVERED IN THIS MORE SMUGGLERS? AT CLOSER EXAMINATION ITS SEEMS WITH THE BROKEN LADDER AND NAILS POKING THROUGH THE CELLAR DOOR THIS WAS THE RESIDENTS PROTECTING THEMSELVES FROM DANGER BELOW.

THIS SECTION REMAINS THE SAME.

THE BACK WALL IS BROKEN AND COVERED IN SPIDER WEBS. THIS MAY EXPLAIN MILDRED AND MANY'S DISAPPEARANCE.

THE BACK WALL LEADS TO A CAVE STREWN WITH SPIDERS.

THIS WAS THE MAIN SMUGGLER HALL. NOW RUINED AND COVERED IN SPIDER WEBS IT IT WAS ONCE A BUSY BUSTLING DEN OF ILLICIT GOODS.

ENTRANCE WAY DOWN THE STAIRS INTO MILDRED AND MANY'S BASEMENT.

BEHIND THE BROKEN SECRET DOOR IT IS DISCOVERED THIS COUPLE WEREN'T AS INNOCENT AS ONCE THOUGHT. THEY HAVE A HUGE CATA COMB OF SMUGGLED GOODS.

THE MAIN DOORS FOR THE SMUGGLERS.

ANOTHER CAVE. IT HAS DRIED UP THE RIVER. ONLY LITTLE POCKETS OF WATER REMAIN.

WHAT WERE THIS INNOCENT LITTLE OLD COUPLE UP TOO. AT THE BACK OF THE BASEMENT LAYS A SMASHED DOWN HIDDEN PASSAGE. THE BOOKCASE LAYS SHATTERED ON THE FLOOR.

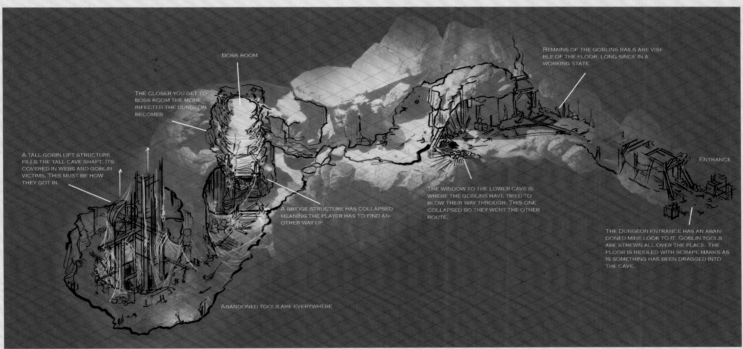

BOSS ROOM

REMAINS OF THE GOBLINS RAILS ARE VISI- BLE OF THE FLOOR, LONG SINCE IN A WORKING STATE

THE CLOSER YOU GET TO BOSS ROOM THE MORE INFECTED THE DUNGEON BECOMES

A TALL GOBLIN LIFT STRUCTURE FILLS THE TALL CAVE SHAFT. ITS COVERED IN WEBS AND GOBLIN VICTIMS. THIS MUST BE HOW THEY GOT IN.

A BRIDGE STRUCTURE HAS COLLAPSED MEANING THE PLAYER HAS TO FIND AN- OTHER WAY UP.

THE WINDOW TO THE LOWER CAVE IS WHERE THE GOBLINS HAVE TRIED TO BLOW THEIR WAY THROUGH. THIS ONE COLLAPSED SO THEY WENT THE OTHER ROUTE.

ENTRANCE

THE DUNGEON ENTRANCE HAS AN ABAN- DONED MINE LOOK TO IT. GOBLIN TOOLS ARE STREWN ALL OVER THE PLACE. THE FLOOR IS RIDDLED WITH SCRAPE MARKS AS IS SOMETHING HAS BEEN DRAGGED INTO THE CAVE.

ABANDONED TOOLS ARE EVERYWHERE

지도 내실

호그와트 성 지하 깊숙한 곳에 지도 내실이 있다. 그곳에서 플레이어는 4명의 고대 마법 수호자(파수꾼)들의 초상화와 상호 작용하게 된다.

지도 내실의 건축양식은 파수꾼들이 살았던 시대의 모습을 반영했다. 중세 말 건축양식을 연상시키는 튜더식 3판형 아치에 아르 누보 스타일의 자연스럽고 힘찬 선을 배치한 것이다. 호그와트의 기숙사들을 상징하는 네 가지 원소도 찾아볼 수 있는데 '공기'는 기본이고, 지도 내실이 땅속 깊이 자리하고 있다는 점에서 '흙', 물이 흘러내리는 벽의 '물', 불꽃 탑에 담긴 '불'이 바로 그것이다. 각 요소를 나타내는 조각상이 보초를 서고 있다. 빛으로 가득한 거대한 동굴 안에는 단이 있고 그 위에 펜시브가 있는데, 단 아래의 나무에는 호그와트의 윤곽이 조각되어 있다.

대리석 질감의 검은 벽에는 움직이는 혈관이 있어 마치 살아있는 듯하다. 자연석을 연마해 만든 건축 방식인데 성소처럼 동굴 느낌이 난다. 입구까지 가는 길에 있는 돔형 천장, 뒤틀린 기둥, 둥둥 떠다니는 단들을 포함해 지도 내실 전체가 자연 상태로 되돌아가고 있는 것처럼 보인다.

위: 배경팀이 작업한 지도 내실(인게임 렌더링)

옆 페이지 위: 배경팀이 작업한 지도 내실 바닥의 지도(3D 렌더링)

옆 페이지 아래: 벤 시몬슨이 작업한 지도 내실

파수꾼들

퍼시벌 랙햄
(후플푸프)

퍼시벌 랙햄은 지성과 야망을 높이 평가하는 강력한 마법사다. 파수꾼들의 리더이며, 플레이어의 아바타처럼 고대 마법의 흔적을 볼 수 있는 유일한 파수꾼이기도 하다. 전도유망한 학생 이사도라 모르가나시가 고대 마법에 재능이 있음을 알아보고 그녀를 제자로 삼았다. 생전에 특출난 검술 실력을 보유했던 것으로 알려져 있다. 품위 있고 신중하다.

산 바카르의 탑

노스 포드 수렁에 있는 산 바카르의 탑은 파수꾼들의 시설 중 하나였다. 지금은 버려져 거의 폐허가 됐다.

옆 페이지: 라이언 우드가 작업한 퍼시벌 랙햄

위: 배경팀이 작업한 산 바카르의 탑(인게임 렌더링)

바로 위: 나산 하드캐슬이 작업한, 산 바카르의 탑을 표현한 세계 지도 종이 모형

왼쪽: 세바스티엔 가예고가 작업한 퍼시벌 랙햄의 지팡이

찰스 룩우드
(슬리데린)

찰스 룩우드는 자신을 (마법사로서 가능한 범위 내에서 최대한) '과학적인' 사람이며 퍼시벌 랙햄의 절친이라고 여겼다. 감정적 직관을 따르는 랙햄과는 달리, 명백한 사실 정보를 중요시한다. 랙햄과 다른 파수꾼들의 충성스러운 친구이며, 실용적이고 딱 부러지는 성격에 명확한 목적의식을 갖고 있다. 관찰력이 좋고 마법을 변형해 사용하는 방식에 매료돼 있다. 생전에 호그와트 마법학교의 변환 마법 담당 교수였다.

니암 피츠제럴드
(래번클로)

타고난 리더이며 수호자인 니암은 파수꾼들이 살아있던 시절 호그와트 마법학교의 교장이었다. 퍼시벌 랙햄이 마법사 사회 전체의 운명을 걱정할 때 피츠제럴드는 자신이 책임지고 있는 학생들 하나하나를 더 걱정했다. 동료들에게 용기를 북돋우고 동정심을 잃지 않도록 하면서, 아무리 절망적인 상황에서도 계속 답을 찾도록 동료들을 이끈다. 감정 기복이 별로 없고, 말하기 전에 생각부터 하며, 무엇 하나 허투루 보지 않는다. 동료 파수꾼들은 품위와 지혜, 친절함, 자신감을 가진 그녀를 좋아하고 존중한다.

위: 세바스티엔 가예고와 BOSI가 작업한 찰스 룩우드

옆 페이지: 라이언 우드가 작업한 니암 피츠제럴드 / 세바스티엔 가예고가 작업한 찰스 룩우드의 지팡이

산 바카르
(슬리데린)

산 바카르는 마법 능력을 타고났음을 알게 되면서 예멘
의 머글 사회를 떠났다. 호그와트 마법학교로 가는 방법
을 찾아내 그곳에서 학업을 마치고 마법 동물학 담당 교
수가 됐다. 그는 대단히 노련한 마법사이며 인정 많고 다
정한 사람이다. 차분하게 집중하면 동물과 약간의 의사소
통이 가능하다. 신중하게 움직이는 편이다.

이사도라 모르가나시
(래번클로)

파수꾼의 기억에 처음 등장한다. 당시 이사도라는 파수꾼은 아니었고, 펠드크로프트의 작은 마을에 사는 어린아이였다. 이사도라는 파수꾼들이 나타나 가뭄에 시달리던 마을에 비를 내려 구해주는 모습을 목격했다. 그 후 이사도라는 플레이어처럼 호그와트 마법학교에 5학년으로 입학했고 퍼시벌 랙햄의 제자가 되어 고대 마법을 연마하게 됐다. 이사도라와 퍼시벌은 둘 다 고대 마법의 흔적을 볼 수

있는 능력이 있었다. 이사도라는 자신만만하고 공감대 형성을 잘하며 비꼬기도 잘하는, 우아하고 열정적인 인물이었다. 매력적이고 다가가기 편한 성격이라 호그와트 마법학교에서 어둠의 마법 방어법 교수로 재직하던 시절 인기도 많았다. 하지만 고대 마법의 어두운 측면을 누구보다 깊게 파고들어 가게 되면서 사람이 달라졌다.

옆 페이지 위: 마이크 매카시가 작업한 그래폰 문

옆 페이지 아래: 세바스티엔 가예고와 BOSI가 작업한 산 바카르

위: 버네사 파머가 작업한 이사도라

룩우드의 캠프와 고블린 동굴

룩우드 추종자들이 모여있는 캠프는 고지 곳곳에서 찾아볼 수 있으며 어둠의 마법사들도 그곳에 함께하고 있다. 캠프의 크기는 소, 중, 대로 다양하다. 제일 큰 캠프는 주로 오래된 성터에 자리하고 있다. 그 외에 고블린들이 모이는 동굴도 두 군데 있다.

란록의 용

호그와트 레거시의 마지막 결전에서 란록은 마법사 사회를 무너뜨리기 위해 고대 마법의 힘으로 가득한 사나운 용을 소환한다.

→

위에 길게 펼쳐진 그림: 벤 시몬슨이 작업한 란록의 용 감옥

옆 페이지 아래: 캐릭터팀이 작업한 란록의 용 스컬프트

왼쪽 위: 배경팀이 작업한 용 투기장 입구(인게임 렌더링)

왼쪽 아래: 벤 시몬슨이 작업한 란록의 용 플랫폼

247

플레이를 계속하자 ——·✕·——

포트키 게임스의 호그와트 레거시는 새로운 장소와 독창적인 캐릭터를 도입해 마법 세계를 확장했다. 기존 마법 세계 이야기 중 잘 알려지지 않았던 고대 마법 이야기를 바탕으로 지금까지 아무도 가본 적 없는 시대를 플레이어가 탐험하도록 한 것이다. 고대 마법은 강력하고 원초적이며 신비로운 마법으로, 지금까지 마법사들이 만들어 낸 가장 위험하고 경이로운 마법이다. 고대 마법의 흔적은 용의 가죽이나, 순수한 사랑 때문에 어쩌다 사용한 주문에 담겨있을 수 있다. 4인의 마법 스승이 설립한 호그와트 마법학교도 알고 보면 고대 마법의 저장소다.

이 마법을 제대로 이해하고 쓸 줄 아는 마녀나 마법사는 거의 없다. 이런 시대에 운 좋게도 플레이어는 예측 불가능하고 위험천만한 고대 마법의 흔적을 볼 수 있는 특별한 능력을 지니고 있다. 고대 마법은 대단히 선한 일에도, 지독하게 나쁜 일에도 사용될 수 있다. 플레이어는 준동하는 고블린 반란 세력이 고대 마법을 건드렸음을 알아챈다. 플레이어는 특히 피그 교수의 도움을 받으면서 친구들과 힘을 모아야 사악한 고블린의 음모, 마법 생물의 타락, 어둠의 마법사들의 음모를 막고 위험에 처한 호그와트를 구할 수 있음을 깨닫는다.

마법사 공동체에 닥친 새로운 위기를 극복하려면 반드시 마법을 배워야 한다. 호그와트 레거시는 공격, 회피, 환경 이용, 반격으로 구성된 주문 시전 체계를 만들었다. 공격 주문과 방어 주문, 그동안 플레이어가 모으고 익힌 다양한 상호 작용 주문으로 이루어지는 새로운 마법 전투 체계다. 아씨오, 레비오소, 인센디오를 비롯해 필요한 경우 용서받지 못하는 저주도 플레이어가 쓸 수 있는 광범위한 주문에 포함될 수 있다. 호그와트 마법학교에서는 마법, 약초학, 마법약, 마법 동물학에 관한 수업이 이루어진다. 교수와 학생 들은 교실 밖에서도 수행해야 할 과제가 있으며 해결해야 할 문제도 있다. 플레이어는 필요의 방 안에 맞춤으로 제작한 개인 공간에서 식물 기르기, 마법약 제조하기, 장비 만들기, 위험한 바깥세상에서 구출해서 사육장 안에 안전하게 넣어둔 마법 동물과 그 새끼 기르기 등의 학습 활동을 하며 능력을 높여나간다.

호그와트 성 주변에는 호그스미드 마을이나 금지된 숲 같은 유명한 장소부터 고지 곳곳에 자리한 작은 마을들, 지하 시설들 같은 새로운 장소에 이르기까지 재미있게 탐험할 만한 곳이 수백 군데나 된다. 플레이어는 걸어서 이동하거나 빗자루를 타거나 그 외에 다른 탈것을 이용해 흥미로운 곳으로 이동해서 폐허를 탐색하고 마법 퍼즐을 풀게 된다. 다양한 적들, 어둠의 마법사들과 전투도 하게 되는데 특히 빅터 룩우드가 이끄는 범죄 집단과 빈번히 부딪친다. 룩우드 밑에는 밀렵꾼, 도둑, 강탈자, 고블린, 위험한 동물들이 있다. 대부분의 학생들과 달리 플레이어는 호그와트 마법학교에 5학년으로 입학하게 됐지만, 다행히 호그와트 교수들과 마법 정부가 플레이어에게 마법사의 필드 가이드를 제공해 수업 진도를 빠르게 '따라잡을 수 있도록' 도와준다.

제프 벙커는 "종이에 적힌 글을 가지고 눈에 보이는 세상을 만들려고 할 때 나아갈 수 있는 방향은 셀 수도 없이 많겠죠. 영화는 완독에 꼬박 스무 시간 넘게 걸리는 원작 소설에서 핵심적인 내용을 추려내 세 시간짜리 작품으로 만들었습니다. 실사 영화는 배우들을 캐스팅하고 야외에서 촬영도 해야 하니 스크린에서 구현할 수 있는 영상의 가능성은 그만큼 제한됩니다"라고 말한다.

그는 "영화는 배우 캐스팅, 제작 디자인, 의상, 시각특수효과 등의 방법으로 책의 내용을 생생하게 살려냈어요. 나름의 시각적 기준을 세우고 시리즈 각 권의 이야기를 뒷받침하기 위한 적절한 분위기와 무대를 만들었죠. 우리가 영화에서 큰 영향을 받은 것은 맞습니다. 하지만 책의 내용을 매체 특성에 맞게 압축해야 하는 영화와 달리, 우리 게임은 마법 세계를 상호 작용 공간으로 확장해 새로운 미스터리, 새로운 주인공, 새로운 캐릭터들을 등장시켰어요. 게다가 영화나 책보다도 체험 시간이 훨씬 길어요. 우리는 '진정성, 주인공, 마법'이라는 우리만의 기준을 지표로 삼아 새로운 영역으로 나아갔습니다"라고 설명한다.

호그와트 마법학교와 호그스미드 마을이라는 장소 자체가 진정성 있는 개성과 특징을 지닌 데다가 교수들, 친구들 같은 새로운 우호 세력, 악당 같은 적대 세력이 대립하면서 새로운 미스터리가 만들어졌다. 벙커는 "새 캐릭터들은 플레이어의 여정에 의미 있는 존재여야 했습니다. 해리에게 헤르미온느, 론, 덤블도어가 그랬던 것처럼. 새로운 미스터리인 만큼 설득력 있고 매력적인 퀘스트를 통해 새로운 인물들의 행동 동기와 개인사를 보여줘야 했어요"라고 말한다.

장소와 인물 모두에 마법이 스며들지 않으면 호그와트, 호그스미드, 금지된 숲, 그리고 그곳에 사는 인물들과 신비한 동물들은 진정성 있게 보이지 않는다. 벙커는 "호그와트 레거시는 마법에 관한 게임입니다. 마법은 아름답고 장엄하고 재미있고 강력하고 위험하고 예상 범위 밖이고 유쾌하고 위협적이고 유용하고 무엇보다… 상호 작용이 되어야 합니다. 호그와트 레거시는 지금까지 나온 어떤 게임보다도 마법을 시각적으로 잘 표현한 게임이라고 자부합니다. 스스로에게 부여한 높은 기준을 맞추려다 보니 힘이 들기는 했어요"라고 말한다.

스토리 수석 에이드리언 롭은 "몰입적인 경험을 할 수 있는 게임을 개발하면서 무척 즐거웠습니다. 혁신적인 고해상도 그래픽으로 플레이어는 인페리우스가 달려들 때 공포를 느끼고, 성난 켄타우로스 무리가 달려올 때 땅이 우르르 흔들리는 느낌을 받을 수 있어요"라고 말한다.

호그와트 레거시를 제작하면서 무엇이 제일 힘들었을까? 벙커는 "J.K. 롤링의 마법 세계는 역대 가장 인기 있고 가장 많은 사랑을 받은 엔터테인먼트 프랜차이즈 중 하나예요. 호그와트 마법학교에 다니면서 강력한 마녀나 마법사가 되고픈 팬들의 판타지를 충족시켜야 한다는 막중한 책임감을 느꼈어요. 진정성 있는 인물들, 장소들, 서사를 프랜차이즈에 추가하는 동시에 게이머와 팬 모두 즐길 수 있는 새로운 게임을 만드는 일은 대단히 어려웠지만… 결과는 만족스럽습니다"라고 대답한다.

멋진 스토리, 진정성 있는 서사, 독특한 인물들로 이루어진 호그와트 레거시는 아발란체 소프트웨어의 자랑이 될 만하다. 특별한 시대의 마법 세계를 배경으로 팬들은 신선하고 획기적인 방식으로 마법 기술을 익히고, 친구들을 사귀고, 신나는 도전을 하면서 자신이 원하는 마녀나 마법사가 될 수 있다. 그러기 위해 필요한 것은 그저 게임을 '플레이'하는 것뿐이다.

아래: 나산 하드캐슬이 작업한 퀘스트 메뉴의 필드 가이드

감사의 말
아트 디렉터 제프 벙커

재능 있는 많은 분의 도움으로 이 책을 출간할 수 있었다. 그분들에게 정말 감사드린다. 모든 분의 이름을 다 거론할 수는 없어서 일부만 적었으니 이해 부탁드린다.

이 책에 담긴 특별한 예술 작품들은 뛰어난 아티스트들이 프로듀서의 지도와 자원 관리하에서, 프로그래머가 제공한 도구로 창의력을 발휘해 완성한 협업의 결과물이다. 아발란체의 호그와트 레거시 팀에게 무척 감사하다. 그들은 독보적으로 뛰어난 능력을 지녔고 정말 좋은 사람들이다.

게임을 제작하고 이 책을 만드는 동안 우리를 늘 지지해 준 가족들에게도 특별히 고마운 마음을 전하고 싶다.

스튜디오 고보의 공동 개발 파트너와 친구들에게도 진심으로 감사드린다. 게임 전반을 두루 작업해 줬는데 특히 필요의 방 작업을 너무나도 훌륭하게 해주었다. 그들 덕분에 우리 게임과 아발란체가 더 대단해졌다.

우리 못지않게 게임을 위해 노력하고 열정적으로 일해준 제시카 파즈, 커스틴 개버니, 워너 브라더스 게임스 프로덕션 팀에도 감사한다.

우리를 이끌어 주고 우정으로 함께해 준 로스 프레이저와 블레어 파트너십에도 정말 고마운 마음이다.

우리가 그간의 생각을 정리하고 그동안 작업한 예술 작품을 모아 아름다운 책으로 만들 수 있도록 도와준 인사이트 에디션스 퍼블리싱의 직원들, 제니퍼 심스, 새미 홀란드, 세이디 로리, 마이크 디글러, 롤라 빌라누에바에게도 감사드린다.

이 책에 도움을 주신 분들

애덤 톨먼 / 에이드리언 롭 / 아흐메드 세르베스트 / 앨런 튜 / 앤드류 헤이스 / 벤 주드 / 벤 모슨 / 벤 새비지 / 벤 샤프 / 벤 시몬슨 / 보스턴 매드슨 / 브랜든 부스 / 브렛 털리 / 브라이언 커틀러 / 브라이언 그린 / 브라이언 코어먼 / 브라이언 앨런 / 찰스 패리스 / 콜비 어크리 / 댈린 호스 / 댈린 존스 / 다미안 부즈베 / 데이먼 헤그렌 / 대니 러슨 / 대린 비버 / 데이브 매클렐런 / 데이비드 제카 / 딜런 톰슨 / 두에인 존슨 / 에밀 디그레이 / 에밀리 반길 / 에릭 스텁스 / 이선 헌새커 / 게이브 포드 / 개번 놀턴 / 아이작 켈리스 / 제이드 로저스 / 제이크 블랙 / 제임스 와트 / 제러드 배스천 / 재런 톨먼 / 제이슨 본 / 제이슨 프라이스 / 제이슨 리처즈 / 제프 벙커 / 제러미 호지스 / 제시카 허스트 노엘 / 조디 이스트먼 / 조 코스먼 / 조 페이션스 / 조 퍼시벌 / 조 사전트 / 존 블랙번 / 존 디에스타 / 조셉 사전트 / 조슈아 H 블랙 / 후안 메사 / 캘리 매컬럼 / 켈리 몬드래건 / 켈리 머피 / 케빈 킬 / 루크 애드윅 / 루크 커틀러 / 라일 톰슨 / 마커스 피셔 / 마셜 르클레어 / 매트 딥 / 매트 주드 / 멜커 버그 / 마이클 콜드웰 / 마이크 매카시 / 마이크 톰슨 / 모이라 스콰이어 / 나산 하드캐슬 / 네이선 헨드릭슨 / 닉 시몬스 / 폴 암스트롱 / 롭 그리핀 / 롭 넬슨 / 라이언 키드 / 라이언 우드 / 샌더 밴더 메이런 / 세바스티엔 가예고 / 시에라 딕키 / 스펜서 블랙 / 테일러 쇼튼 / 톰 엘리스 / 토머스 신시치 / 티파니 웅우엔 / 톰 게디스 / 트로이 존슨 / 타일러 리버트 / 버네사 파머 / 웨이 윙 / 유쿤 펑-드류

특별히 감사한 분들

WB 게임스 몬트리얼 / BOSI / 서튼 어피너티 / 카운터펀치 스튜디오 / d3t / 에픽게임즈 / 프레임 머신 / FXVille / 글로반트 / 카라터 디자인 스튜디오 / 리틀 레드 좀비스 / 모놀리스 프로덕션스 / 네더렐름 / NXA / 오리지널 포스 / 패션 리퍼블릭 / 플라스틱 왁스 / 레드 카이트 게임스 / 레스타르 / 로어링 게이트 / 쉬버 / 스팍스 / 스프링 / 스튜디오 고보 / 스모 디지털 / 테크니컬러 / 트래블러스 테일즈 / 투 옥스 엔터테인먼트 / 율리시스 그래픽스 / 버추어스 / 워터프루프 스튜디오스 / 웨스트 스튜디오

위: 버네사 파머가 작업한 고지
의 습지

왼쪽: 버네사 파머가 작업한 호그
와트 성 상세 지도

251

WARNER BROS. GAMES LOGO, WB SHIELD:
™ & © Warner Bros. Entertainment Inc. (s23)

WARNER BROS. GAMES / WIZARDING WORLD / PORTKEY GAMES / AVALANCHE

호그와트 레거시: 아트 앤 메이킹

초판 1쇄 인쇄 2023년 7월 17일
초판 1쇄 발행 2023년 7월 31일

지은이 | 조디 리벤슨, 마이클 오언
옮긴이 | 공보경
발행인 | 강봉자, 김은경
펴낸곳 | (주)문학수첩
주소 | 경기도 파주시 회동길 503-1(문발동 633-4) 출판문화단지
전화 | 031-955-9088(마케팅부), 9532(편집부)
팩스 | 031-955-9066 등록 | 1991년 11월 27일 제16-482호
홈페이지 | www.moonhak.co.kr 블로그 | blog.naver.com/moonhak91 이메일 | moonhak@moonhak.co.kr

ISBN 979-11-92776-47-7 03680

*파본은 구매처에서 바꾸어 드립니다.